BRASIL: UMA BIOGRAFIA
NÃO AUTORIZADA

Francisco de Oliveira

BRASIL: UMA BIOGRAFIA NÃO AUTORIZADA

Apresentação
Fabio Mascaro Querido e Ruy Braga

© Francisco de Oliveira, 2018
© desta edição Boitempo, 2018

Direção editorial
Ivana Jinkings

Edição
Bibiana Leme

Assistência editorial
Carolina Yassui e Thaisa Burani

Preparação
Thais Rimkus

Revisão
Thaís Nicoleti
(formatação de Helena Steiner em
"Quem canta de novo *l'Internationale?*")

Coordenação de produção
Livia Campos

Capa
Maikon Nery
(sobre fotografia da Mídia Ninja)

Diagramação
Antonio Kehl

Equipe de apoio: Allan Jones / Ana Carolina Meira / Ana Yumi Kajiki / André Albert /
Artur Renzo / Camilla Rillo / Eduardo Marques / Elaine Ramos / Frederico Indiani / Heleni Andrade /
Isabella Barboza / Isabella Marcatti / Ivam Oliveira / Kim Doria / Marlene Baptista / Maurício Barbosa /
Renato Soares / Thaís Barros / Tulio Candiotto

CIP-BRASIL. CATALOGAÇÃO NA PUBLICAÇÃO
SINDICATO NACIONAL DOS EDITORES DE LIVROS, RJ

O83b

Oliveira, Francisco de, 1933-
Brasil: uma biografia não autorizada / Francisco de Oliveira. - 1. ed.
- São Paulo : Boitempo, 2018.

Inclui bibliografia
ISBN 978-85-7559-593-0

1. Sociologia. 2. Macroeconomia. I. Título.

17-46723

CDD: 306
CDU: 316.7

É vedada a reprodução de qualquer parte deste livro sem a expressa autorização da editora.

1ª edição: fevereiro de 2018;
1ª reimpressão: maio de 2018; 2ª reimpressão: setembro de 2019

BOITEMPO
Jinkings Editores Associados Ltda.
Rua Pereira Leite, 373
05442-000 São Paulo SP
Tel.: (11) 3875-7250 / 3875-7285
editor@boitempoeditorial.com.br | www.boitempoeditorial.com.br
www.blogdaboitempo.com.br | www.facebook.com/boitempo
www.twitter.com/editoraboitempo | www.youtube.com/tvboitempo

SUMÁRIO

Apresentação: Chico de Oliveira e as reviravoltas da crítica 7
Fabio Mascaro Querido e Ruy Braga

O adeus do futuro ao país do futuro: uma biografia breve do Brasil ... 27

Quem canta de novo *l'Internationale*? 79

Hegemonia às avessas 115

O avesso do avesso 123

A clonagem 133

Jeitinho e jeitão 137

Entrevistas com Francisco de Oliveira 147

Bibliografia de Francisco de Oliveira 163

Fontes dos textos 175

NOTA DA EDIÇÃO

Abarcando ensaios, artigos e entrevistas publicados originalmente entre 1997 e 2016, esta coletânea perpassa diversas fases do Brasil e do mundo; por conta das transformações políticas, econômicas e sociais inevitavelmente ocorridas num período tão longo, alguns dos dados que à época embasavam a análise do autor podem não ser mais atuais.

APRESENTAÇÃO
CHICO DE OLIVEIRA E AS
REVIRAVOLTAS DA CRÍTICA

Fabio Mascaro Querido e Ruy Braga

Um intelectual fora do comum

Francisco de Oliveira é uma figura singular no cenário intelectual brasileiro das últimas décadas. Desde os tempos de proximidade com Celso Furtado, sob cuja direção trabalhou na então recém-criada Superintendência do Desenvolvimento do Nordeste (Sudene), na virada para os anos 1960, passando pelo longo e marcante período em que esteve associado ao Centro Brasileiro de Análise e Planejamento (Cebrap), em São Paulo, de 1970 a 1995, até a fase mais recente como professor do Departamento de Sociologia da USP e fundador do Centro de Estudos dos Direitos da Cidadania (Cenedic), sua trajetória intelectual construiu-se à luz de momentos decisivos da história contemporânea brasileira, que são, por assim dizer, *internalizados* na sua obra de tal forma que esta se torna um testemunho intelectual crítico daquela, uma contribuindo para a compreensão da outra. Tanto mais porque, assim como o Brasil das últimas décadas, o itinerário de Oliveira nada tem de linear, ou de uma suposta evolução progressiva, sendo entrecortado por inflexões variadas, que dão prova de uma inquietude crítica pouco comum, eixo da forma particular pela qual se situou nos debates políticos e intelectuais do seu tempo.

Nascido em Recife, em novembro de 1933, filho de pequenos comerciantes que tiveram doze filhos, Francisco Cavalcanti de Oliveira graduou-se em ciências sociais na antiga Faculdade de Filosofia da Universidade do Recife, atual Universidade Federal de Pernambuco, em 1956. Ainda na faculdade, foi um dos fundadores do Movimento Estudantil Socialista de Pernambuco, ligado ao Partido Socialista Brasileiro, que, à época, tinha certa abertura para grupos estudantis e/ou intelectuais – em São Paulo, por exemplo, nomes como Antonio Candido e os jovens Roberto Schwarz e Michael Löwy passaram pelo PSB naquele período. Depois de formado, diante das parcas possibilidades de emprego para um cientista social na Pernambuco da época, Chico de Oliveira deu a primeira guinada na sua trajetória, transitando para a área pela qual seria, inicialmente, conhecido: a economia. Trabalhou como economista no Banco do Nordeste do Brasil, sediado em Fortaleza, e, no final da década de 1950, de volta a Recife, na Sudene (recém-criada pelo governo de Juscelino Kubitschek), ao lado de seu mestre – depois cassado pela ditadura – Celso Furtado. Preso por dois meses após o golpe de 1964, Chico de Oliveira viveu um ano na Guatemala, atuando pela Comissão Econômica para a América Latina e o Caribe (Cepal), e dois anos no México, onde trabalhou como professor em cursos para funcionários públicos latino-americanos.

Se o golpe significou a interrupção de um projeto ousado, porém exequível, de desenvolvimento nacional, abalando as convicções do jovem sociólogo-economista, tal acontecimento traumático da história nacional – especialmente para a sua geração – estimulou, por outro lado (e aí a consequência "positiva" imprevista), uma inflexão no itinerário de Francisco de Oliveira. Como diria décadas mais tarde: "É paradoxal: 1964 me salvou de ser um burocrata de êxito. Quer dizer, o que foi ruim para o país para mim foi bom"[1]. À parte o que há aí de ilusão retrospectiva, ou de "ilusão biográfica", para lembrarmos de Pierre Bourdieu – afinal, como saber à época as consequências futuras de uma verdadeira tragédia

---

[1] "Francisco de Oliveira", entrevista realizada por Alexandre Barbosa, Abílio Guerra, Flávio Moura e Henri Gervaiseau, em Flávio Moura e Paula Montero (orgs.), *Retrato de grupo: 40 anos do Cebrap* (São Paulo, Cosac Naify, 2009), p. 162.

política? –, o autodiagnóstico "em perspectiva", como ele admite, não deixa de expressar uma inflexão que de fato ocorrera na sua trajetória, e a qual o levaria, já radicado em São Paulo a partir da virada para os anos 1970, a concentrar seus esforços no trabalho intelectual, este entendido, evidentemente, como parte de uma luta de ideias que é também, em primeira e última instância, política.

Em 1970, dois anos após ter retornado ao Brasil, uma nova etapa da trajetória de Francisco de Oliveira se abriria: a convite de Octavio Ianni, que lá coordenava um grupo sobre planejamento econômico[2], Oliveira ingressou no Cebrap, onde escreveria seus primeiros trabalhos de impacto, tais como *Elegia para uma re(li)gião* e, sobretudo, *Crítica à razão dualista*. No Cebrap, permaneceria até 1995, lecionando simultaneamente economia na PUC-SP e, a partir de 1988, sociologia na USP, onde se tornaria professor titular em 1992 e emérito em 2008. A participação no Centro, fundado em 1969 por Fernando Henrique Cardoso, José Arthur Giannotti e outros professores afastados da universidade (Florestan Fernandes declinara do convite), foi de fundamental importância para a tomada de distância de Chico de Oliveira em relação à tradição cepalina que lhe fora transmitida por Furtado e, tão importante quanto, para a sua aproximação ("tardia") da vertente crítica, marxista, das ciências sociais paulistas, vertente cujas origens remontam ao célebre e algo mitificado "Seminário d'*O capital*" – grupo de jovens professores e alguns estudantes que se reuniam, no fim dos anos 1950, a fim de discutir a obra máxima de Marx e, por intermédio dela, pensar os desafios e impasses do país subdesenvolvido*. À época, o Cebrap representou uma espécie de ponte entre a geração acadêmica paulista pré-1964 e aquela que se constituiria na década seguinte, em meio à aguda expansão do ensino universitário no país.

---

[2] Cf. Octavio Ianni, *Estado e planejamento econômico no Brasil (1930-1970)* (Rio de Janeiro, Civilização Brasileira, 1971).

* Ver, a respeito, Emir Sader, João Quartim de Moraes, José Arthur Giannotti e Roberto Schwarz, *Nós que amávamos tanto O Capital: leituras de Marx no Brasil* (São Paulo, Boitempo, 2017). (N. E.)

Da *Crítica à razão dualista* à revolução social

A expressão paradigmática dessa nova perspectiva que se interpunha no itinerário de Chico de Oliveira encontra-se exatamente em sua *Crítica à razão dualista*, pensada e redigida no âmbito do Cebrap, que vivia o seu período mais frutífero. Publicado pela primeira vez no segundo número da revista *Estudos Cebrap*, em 1972, e em livro no ano seguinte, o texto foi concebido em meio aos debates entre os membros do centro a respeito do processo de expansão socioeconômica do capitalismo no Brasil, polemizando diretamente, por exemplo, com a interpretação de Fernando Henrique Cardoso desenvolvida em *Autoritarismo e democracia*, a respeito da existência ou não de uma "revolução burguesa" brasileira. Para Francisco de Oliveira, se havia um inegável desenvolvimento econômico no país, até certo ponto impulsionado pela ditadura civil-militar – como demonstraram Maria da Conceição Tavares e José Serra no conhecido ensaio "Além da estagnação: uma discussão sobre o estilo de desenvolvimento recente do Brasil"[3] –, isso não significava que o país estaria passando por uma revolução burguesa, e sim por uma "progressão das contradições" desde há muito postas e repostas pela reprodução da sociedade nacional na semiperiferia do sistema capitalista. Mais uma vez o *atraso* era retomado como técnica de dominação *moderna* no país.

Naquele momento, o "atraso" da agricultura e/ou do setor de serviços não apenas não constituía obstáculo ao desenvolvimento industrial-moderno como era funcional a ele, entre outras razões porque pressionava para baixo o custo da reprodução da força de trabalho. Como demonstrou Paul Singer em outro texto marcante dessa época, também publicado pelo Cebrap, "O milagre brasileiro: causas e consequências"[4], era essa

---

[3] Maria da Conceição Tavares e José Serra, "Além da estagnação: uma discussão sobre o estilo de desenvolvimento recente do Brasil", em José Serra, *América Latina: ensaios de interpretação econômica* (São Paulo, Paz e Terra, 1976). O texto se opunha às teses "estagnacionistas", que exerceram enorme influência nas esquerdas política e intelectual, cuja formulação mais acabada encontra-se em Celso Furtado, *Subdesenvolvimento e estagnação na América Latina* (Rio de Janeiro, Civilização Brasileira, 1966).

[4] *Caderno Cebrap*, n. 6, 1972.

compressão do salário real que, no limite, sustentava os altos níveis de desenvolvimento econômico que se verificavam no período. Nas palavras de Chico de Oliveira,

> [...] A expansão do capitalismo no Brasil se dá introduzindo relações novas no arcaico e reproduzindo relações arcaicas no novo, um modo de compatibilizar a acumulação global, em que a introdução das relações novas no arcaico libera força de trabalho que suporta a acumulação industrial-urbana e em que a reprodução de relações arcaicas no novo preserva o potencial de acumulação liberado exclusivamente para os fins de expansão do próprio novo.[5]

Debatido em seminário por Caio Prado Jr. e Gabriel Bolaffi, *Crítica à razão dualista* aproximava-se, assim, no seu destaque à articulação essencial entre aspectos "modernos" e "arcaicos", das críticas do marxismo paulista às mais variadas "razões dualistas", sejam elas da Cepal, sejam do Instituto Superior de Estudos Brasileiros (Iseb) ou mesmo do Partido Comunista do Brasil (PCB). Mas delas se diferenciava pela ênfase na dimensão *interna* das relações sociais de produção capitalistas, tomando-a como eixo explicativo do processo de acumulação no Brasil, para além da busca pelas sincronias ou assimetrias entre os níveis *interno* e *externo*, como o faziam as elaborações em torno da *dependência*, que permaneceriam, nesse sentido específico, tributárias – ainda que nuançadas – de certo dualismo cepalino[6].

Assim como outros estudos do período, *Crítica à razão dualista* foi elaborada sob a pressão da atmosfera do pós-1964 e, ainda mais, daquela do pós-1968, marcadas pela tentativa das esquerdas políticas e/ou intelectuais de acertar contas com as (agora percebidas como) ilusões nacional-desenvolvimentistas, tidas como responsáveis pela derrota. No caso de Francisco de Oliveira, isso implicava um claro distanciamento em relação ao mestre Celso Furtado, cujos vínculos com a *ideologia* dualista

---

[5]   Francisco de Oliveira, *Crítica à razão dualista/O ornitorrinco* (São Paulo, Boitempo, 2003), p. 60.

[6]   Cf. Enzo Faletto e Fernando Henrique Cardoso, *Dependência e desenvolvimento na América Latina: ensaio de interpretação sociológica* (7. ed., Rio de Janeiro, Zahar, 1984; *Dependencia y desarrollo en América Latina*, Lima, Instituto de Estudios Peruanos, 1967).

haviam se tornado indesejáveis. Embora o ensaio ainda atinasse com alguma perspectiva de autossuperação nacional, dado que a dimensão política continuava presente, ao contrário do que lhe era reprovado, o eixo do argumento já apontava para o impasse de todo e qualquer projeto *pela esquerda* de desenvolvimento no país após o corte de 1964, isto é, num período no qual as tensões econômicas entre as classes sociais teriam se transmutado em um antagonismo abertamente político: "A luta pelo acesso aos ganhos da produtividade por parte das classes menos privilegiadas transforma-se necessariamente em contestação ao regime, e a luta pela manutenção da perspectiva da acumulação transforma-se necessariamente em repressão". Nessas condições, o futuro estaria "marcado pelos signos opostos do *apartheid* ou da revolução social"[7]. Francisco de Oliveira retomava, então, de modo ainda mais enfático, a alternativa que havia sido colocada pelo jovem sociólogo Fernando Henrique Cardoso em sua tese de livre-docência de 1964, a saber: "subdesenvolvimento ou socialismo?"[8].

De *Os direitos do antivalor* à reforma social

Nos anos 1980, depois de retornar de uma estadia de dois anos na França, então presidida pelo socialista François Mitterrand (1981-1995), Oliveira flertou com a aposta na possibilidade de um "modo de produção social-democrata" à brasileira, na esteira do processo de abertura democrática e da emergência de um novo movimento operário e social. Como admite, em tom de autocrítica, nessa época, "achava que o PT tinha tudo para ser um partido social-democrata. O que os outros consideravam uma ofensa eu achava um elogio"[9]. Inspirado no modelo

---

[7] Enzo Faletto e Fernando Henrique Cardoso, *Dependência e desenvolvimento na América Latina*, cit., p. 119.

[8] Fernando Henrique Cardoso, *Empresário industrial e desenvolvimento econômico no Brasil* (São Paulo, Difusão Europeia do Livro, 1964).

[9] Cf. Marcelo Ridenti e Flávio Mendes, "Do dualismo ao ornitorrinco: entrevista com Francisco de Oliveira", *Cadernos CRH*, Salvador, v. 25, n. 66, 2012, p. 611.

francês e sob influência da teoria da regulação (Michel Aglietta, Robert Boyer, Alain Lipietz, dentre outros), Francisco de Oliveira jogava suas fichas na esperança de que, através da política (*à la* Jacques Rancière e/ou Claude Lefort) e da disputa negociada pelo fundo público, fosse possível forjar um novo pacto de classes no Brasil, baseado num "antagonismo convergente", que faria valer o que ele chamava de os "direitos do antivalor"[10].

Para Oliveira, tal como ocorrera na Europa do pós-Segunda Guerra Mundial, num modelo que ainda persistia parcialmente até aquele momento, seria possível e necessário, naqueles idos da década de 1980 no Brasil, lutar pela regulação coletiva – quer dizer, social e democraticamente negociada na "esfera pública" – da repartição do fundo público, que se tornara (e ainda o é para o andar de cima) vital para a reprodução tanto do capital quanto do trabalho. Aos olhos do sociólogo pernambucano, a institucionalização do acesso e do manejo do fundo público permitiria, se bem distribuído entre os grupos e classes sociais, operar uma "retração da base social da exploração", como que anulando parcialmente a vigência e/ou o primado do valor "enquanto medida da atividade econômica e da sociabilidade em geral"[11]. No limite, as parcelas do fundo destinadas ao salário indireto e aos gastos sociais (educação, saúde, previdência social, programas sociais etc.) funcionariam como "*antimercadorias* sociais, pois sua finalidade não é a de gerar lucro, nem mediante sua ação dá-se a extração da mais-valia"[12]. Disso resultaria certa tendência à "desmercantilização da força de trabalho", cuja renumeração direta ou indireta seria pública e politicamente determinada, cancelando, portanto, até certo ponto, a alienação produzida pela mercantilização do trabalho.

Aqui, vale uma observação pouco enfatizada pelos comentadores de Chico de Oliveira: a influência de Karl Polanyi sobre sua problemati-

---

[10] Cf. Francisco de Oliveira, *Os direitos do antivalor: a economia política da hegemonia imperfeita* (Petrópolis, Vozes, 1998).

[11] Francisco de Oliveira, "O surgimento do antivalor: capital, força de trabalho e fundo público", *Novos Estudos Cebrap*, n. 22, 1988, p. 14.

[12] Ibidem, p. 15.

zação do "modo de produção social-democrata". Chico de Oliveira foi, seguramente, o autor pioneiro a utilizar a tese contida no principal livro de Polanyi, *A grande transformação*[13], a fim de interpretar a encruzilhada nacional: social-democracia ou neoliberalismo? Lembremos rapidamente que, contra as teorias liberais, Polanyi empreendeu uma leitura da história ocidental segundo a qual, desde o século XIX, o capitalismo industrial teria presenciado inúmeras tentativas por parte da sociedade de se proteger do cataclismo causado pelos avanços da mercantilização, por meio do estabelecimento de sindicatos e cooperativas de trabalhadores. Cada um a seu modo, também o fascismo, o socialismo e o *new deal* estadunidense seriam respostas engendradas pela sociedade a fim de conter a destruição gerada pelo liberalismo.

A sucessão de crises econômicas e reviravoltas políticas que marcou o entreguerras na Europa, bem como seus resultados em termos de sofrimento humano, demonstraria a natureza essencialmente destrutiva da autorregulação do mercado. Assim, chegamos ao cerne da análise polanyiana, isto é, o argumento segundo o qual a mercantilização desmesurada do trabalho, da terra e do dinheiro destrói a "substância da própria sociedade". Em termos marxistas, a mercantilização destruiria seus valores de uso, promovendo crises frequentes, com impactos devastadores sobre a vida das sociedades. A destruição promovida pelo liberalismo não se limitaria a um único país, acompanhando a difusão histórica do próprio mercado como instituição globalizante.

No final dos anos 1980, Chico de Oliveira percebeu que, caso o neoliberalismo – isto é, essa verdadeira onda de mercantilização oriunda dos países centrais – vingasse entre nós, o resultado seria uma espécie de desmanche autoritário, assemelhado ao fascismo, das possibilidades de construção de uma sociabilidade balizada por um padrão minimamente republicano. Dessa forma, o neoliberalismo poderia sepultar, em definitivo, relações sociais democráticas e invibializar "uma forma de produção do excedente que não tem mais o valor como estruturante, [mas sim]

---

[13] Karl Polanyi, *A grande transformação: as origens de nossa época* (Rio de Janeiro, Campus, 1980).

os valores de cada grupo social, dialogando soberanamente. Na tradição clássica é a porta para o socialismo"[14].

Por isso mesmo, para Chico de Oliveira, o Estado – visto em sentido poulantziano, como "condensação da luta de classes"[15] – seria evidentemente um lócus essencial da disputa político-democrática pelo fundo público, ênfase pela qual ele se afastava parcialmente dos intelectuais que valorizavam a aproximação direta com os "novos personagens que entravam em cena" no âmbito da sociedade civil para falar como um deles, Eder Sader[16], acompanhado, nesse aspecto, por figuras como Francisco Weffort, Marilena Chauí e, de modo significativo, por suas futuras colegas Maria Célia Paoli e Vera da Silva Telles.

Em 1995, após 25 anos de colaboração, Chico de Oliveira deixou o Cebrap, do qual era presidente desde 1993 e cujas divergências internas vinham se explicitando, desde meados dos anos 1970, entre aqueles mais próximos do Movimento Democrático Brasileiro (MDB) e os entusiastas do movimento que daria origem ao Partido dos Trabalhadores (PT), dentre os quais os alojados no Centro de Estudos de Cultura Contemporânea (Cedec), fundado em 1976. Tais divergências haviam ganhado contornos de antagonismo político (com "discriminação ideológica" e tudo[17]) com a eleição de Fernando Henrique Cardoso à presidência da República, em 1994, à frente de uma coalização liberal-conservadora, desejosa de adequar o país aos imperativos da nova ordem internacional *globalizada*, inserção cujo "êxito" pressupunha o abandono, pelas classes dominantes nacionais, de qualquer *utopia* (no sentido mannheimiano) de

---

[14] Francisco de Oliveira, "O surgimento do antivalor: capital, força de trabalho e fundo público", cit., p. 28.

[15] Cf., por exemplo, Nicos Poulantzas, *L'État, le pouvoir, le socialisme* (Paris, Presses Universitaires de France, 1978).

[16] Cf. Eder Sader, *Quando novos personagens entraram em cena: experiências, falas e lutas dos trabalhadores da Grande São Paulo, 1970-80* (4. ed., Rio de Janeiro, Paz e Terra, 2001).

[17] "Era inconcebível para as principais figuras do centro que, tendo o Fernando Henrique na presidência da República, eu não fosse cardosista, isso era inconcebível para eles. E eu não era...", "Francisco de Oliveira", em Flávio Moura e Paula Montero (orgs.), *Retrato de grupo*, cit., p. 173.

uma sociedade democrática, reconfirmando o prognóstico de Florestan Fernandes presente em *A revolução burguesa no Brasil*[18].

Ainda em 1995, Chico de Oliveira ajudou a fundar, junto com outros colegas do departamento de Sociologia da Universidade de São Paulo, o Centro de Estudos dos Direitos da Cidadania (Cenedic) – então apenas Núcleo de Estudos dos Direitos da Cidadania (Nedic). A participação nesse centro de estudos inaugurou a fase mais recente da produção intelectual de Chico de Oliveira, agora institucionalmente vinculada à sociologia da USP. Assim, depois de um período cepalino--furtadiano, em que apostava no Estado como eixo da propulsão do desenvolvimento nacional, e de uma etapa marxista-cebrapiana, na qual a luta contra o subdesenvolvimento não dispensava o papel central atribuído à luta de classes tal como esta se expressava *internamente* ao país, uma nova etapa se abria na trajetória intelectual e acadêmica do sociólogo pernambucano, sem que isso aplainasse uma inflexão que ocorreria no meio (ou logo no princípio) do percurso. De início ainda relativamente otimista em relação às potencialidades político--democráticas dos novos movimentos sociais, no que se aproximava das outras fundadoras do Cenedic, Maria Célia Paoli e Vera da Silva Telles, Chico de Oliveira avançou em uma direção cada vez mais cética sobre a possibilidade de um arranjo capitalista efetivamente "moderno" no país, que se ancorasse na negociação interclassista (como nas efêmeras experiências das câmaras setoriais), hipótese que ele defendera em seus textos sobre o "antivalor".

O desencantamento com as câmaras setoriais assumiu tons mais abertamente pessimistas a partir dos últimos anos da década de 1990, quando o governo de FHC já avançara significativamente na desagregação do que restara do espaço público aberto pela atuação política dos dominados[19] – a esse respeito, a feroz repressão à greve dos petroleiros,

---

[18] Florestan Fernandes, *A revolução burguesa no Brasil: ensaio de interpretação sociológica* (São Paulo, Globo, 2005).

[19] Cf. entrevista com Francisco de Oliveira, "Da 'democracia' ao totalitarismo", *Praga: Estudos Marxistas*, n. 8, 1999, p. 51-60.

ainda em 1995, não deixava dúvidas sobre a disposição do novo governo (numa "espécie de *tournant* tatcherista"[20]) em levar a cabo a estratégia anunciada. O receio polanyiano manifestado no final dos anos 1980 parecia se concretizar: ancorando-se na chantagem e no medo, a destituição dos direitos promovida pelo governo tucano e imposta como necessária à adequação à racionalidade instrumental da globalização significava a passagem de uma hegemonia burguesa "incompleta" para um verdadeiro "totalitarismo neoliberal", em que a "fala" do oponente é deslegitimada antes mesmo do conflito emergir, deslegitimação para a qual não faltou a ajuda de vistosos intelectuais agora compromissados com o ajuste à razão do capital outrora repelida[21]. Não houve "antivalor" que resistisse a esse vendaval, o que acabaria por demarcar o fim da aposta reformista social-democrata de Francisco de Oliveira.

De *O ornitorrinco* à crítica ao PT

O momento mais significativo dessa inflexão de Chico de Oliveira seria atingido ainda nos anos iniciais do primeiro governo Lula, momento em que, para ele, tornou-se nítido que também o partido dos dominados estava – contrariando o mandato que recebera das urnas – ajustando-se aos parâmetros do "totalitarismo neoliberal". Essa é a perspectiva que pode ser encontrada, por exemplo, no polêmico ensaio *O ornitorrinco*, publicado em 2003[22]. Desde então, tanto os objetos quanto a forma da reflexão de Chico de Oliveira encontram-se em grande medida sobredeterminados pela visão crítica em relação aos governos liderados pelo PT, partido do qual se desligou logo em 2003, na esteira da crise nas bases do partido ocasionada pela contrarreforma da Previdência do funciona-

---

[20] Cf. o ensaio aqui republicado, "Quem canta de novo l'*Internationale*?", p. 79-114.

[21] Cf. Francisco de Oliveira, "Privatização do público, destituição da fala e anulação da política: o totalitarismo neoliberal", em Francisco de Oliveira e Maria Célia Paoli (orgs.), *Os sentidos da democracia: políticas do dissenso e hegemonia global* (Petrópolis/São Paulo, Vozes/Fapesp/Nedic, 1999, coleção Zero à Esquerda).

[22] Cf. Francisco de Oliveira, *Crítica à razão dualista/O ornitorrinco*, cit.

lismo público promovida pelo primeiro governo Lula. No ano seguinte, manifestou apoio à criação do Partido Socialismo e Liberdade (PSOL), mas sem nunca nele vislumbrar uma alternativa concreta à hegemonia petista na esquerda brasileira. Os tempos seriam de resistência, não de avanços das forças de esquerda.

Como argumentaria após a segunda vitória eleitoral de Lula, em 2006, em sintonia com o ocorrido na África do Sul pós-*apartheid*, os governos do PT seriam responsáveis por tocar o programa dos dominantes – com a "direção moral" do Estado em suas mãos –, fazendo-o valer como sendo *também* o programa dos dominados, num processo por ele denominado, sob livre inspiração gramsciana, de "hegemonia às avessas"[23]. Não por acaso, para Oliveira, a despeito das políticas sociais quantitativamente reforçadas nos governos do PT, estes também teriam contribuído para o avanço da "sociabilidade antipública" – entre outras coisas, desarmando a capacidade de resistência e de luta de uma parcela nada desprezível das classes trabalhadoras – e, nesse sentido, para a desvalorização não apenas da política institucional e/ou parlamentar, mas também da política em sentido amplo, entendida como possibilidade de intervenção democrático-radical na definição dos rumos do país[24].

Por isso mesmo, seus ensaios desse período esboçam, acima de tudo, o diagnóstico de um impasse, o de um país que, como ele argumentara em *O ornitorrinco*, não pode mais se aproveitar das brechas propiciadas pelo impulso modernizador no bojo da chamada Segunda Revolução Industrial, deixando de ser "subdesenvolvido" sem, no entanto, ter se tornado propriamente "desenvolvido". Tal qual o bicho estranho tomado

---

[23] Cf. Francisco de Oliveira, "Hegemonia às avessas", em Francisco de Oliveira, Ruy Braga e Cibele Rizek (orgs.), *Hegemonia às avessas: economia, política e cultura na era da servidão financeira* (São Paulo, Boitempo, 2010, coleção Estado de Sítio).

[24] Buscamos desenvolver essa indicação de Chico de Oliveira em um projeto que comparou a trajetória petista à frente do modelo de desenvolvimento pós-fordista brasileiro com a dominação do congresso nacional africano na África do Sul, em especial destacando os governos de Thabo Mbeki e Jacob Zuma. Para mais detalhes, ver Ruy Braga, *A rebeldia do precariado: trabalho e neoliberalismo no Sul global* (São Paulo, Boitempo, 2017).

como metáfora, o Brasil se transmutou nisto mesmo: não é mais isso nem mais aquilo, pairando no limbo ao sabor dos imperativos da globalização neoliberal. No ensaio de inspiração zoológica, Oliveira destacou precisamente o resultado dessa perda da capacidade de escolha, a saber, o primado de uma "evolução truncada" que parece sem rumo, que não está indo nem para um lado nem para o outro.

Se no período que antecede o golpe de 1964, ou na passagem dos anos 1970 para os de 1980, com a emergência de um partido de massas como o PT, alguma possibilidade ainda havia para uma virada ilustrada, que transformaria a estrutura altamente desigual da distribuição da renda e, assim, o caráter do desenvolvimento nacional, alterando também a inserção do país na ordem global. Essa possibilidade se esfumaçou com o advento do "ornitorrinco", quando a própria atuação do PT no governo sinalizou que "não está [mais] à vista a ruptura com a longa 'via prussiana' brasileira"[25]. Não por acaso, escreve Oliveira, "o ornitorrinco capitalista é uma acumulação truncada e uma sociedade desigualitária sem remissão"[26].

O caráter sombrio e pouco animador desse diagnóstico não deixou de ser apontado por muitos dos seus colegas da esquerda, total ou parcialmente entusiasmados com o sucesso dos governos petistas – governos que, afinal, logravam apoio popular recorde, indicando que a "hegemonia às avessas", se estruturalmente permanecia contida nos parâmetros demarcados pelo governo de FHC, dele se diferenciava pela ênfase dada às políticas sociais localizadas (e tímidas, mesmo se comparadas àquelas da social-democracia europeia) de redistribuição de renda. Ao mesmo tempo que Francisco de Oliveira destacava a rendição do lulismo às garras da mundialização neoliberal, Lula terminava seu segundo mandato, em 2010, com níveis altíssimos de aprovação, sem que, porém, tenha de fato sinalizado uma rota de saída dos impasses de um país que continuava dependente da exportação das matérias-primas e altamente vulnerável aos caprichos e às chantagens do capital financeiro.

---

[25] Francisco de Oliveira, *Crítica à razão dualista/O ornitorrinco*, cit., p. 146.
[26] Ibidem, p. 150.

Quase solitário entre seus pares intelectuais, Chico de Oliveira seguiu criticando em tom "trágico" as políticas lulistas[27]. Seja como for, conforme se viu no processo que culminou no golpe parlamentar de 2016, talvez a "tragédia" anunciada pelo sociólogo pernambucano possa ser vista menos como elucubração "negativa" de um adorniano tropical de última hora e mais como diagnóstico ancorado numa possibilidade real e, em certa medida, recorrente na história brasileira – história essa que, como sabemos, esteve sempre marcada por tragédias das mais diversas ou, para dizer em termos benjaminianos, por uma espécie de tragédia permanente, entrecortada por poucos momentos de bifurcação, quando parecia enfim que um novo caminho se abriria, tal qual, por exemplo, mais do que nos governos do PT, no período que antecedeu o golpe civil-militar de 1964.

Crítica, negatividade e política no tempo presente

Foi essa tonalidade "pessimista", assentada na crítica implacável do existente, isto é, na força "negativa" do desvendamento da objetividade vigente, que aproximou Chico de Oliveira de outros intelectuais de sua geração, como Roberto Schwarz e Paulo Arantes, ambos pioneiros entre os marxistas paulistas – em especial o primeiro deles – na rejeição pela esquerda às saídas modernizadoras, em sentido capitalista, ao problema da *má-formação nacional*. Tanto Schwarz quanto Arantes exerceram uma inegável atração em Francisco de Oliveira e, mais amplamente, nos pesquisadores do Cenedic, que, não por acaso, publicou as suas últimas coletâneas exatamente na coleção de livros Estado de Sítio, coordenada por Paulo Arantes[28].

---

[27] A expressão foi utilizada, por exemplo, por Marcelo Ridenti em evento organizado pela Boitempo sobre os quarenta anos da *Crítica à razão dualista*, na FFLCH-USP, em 2012, para se referir exatamente à produção intelectual mais recente de Francisco de Oliveira.

[28] Cf., por exemplo, Francisco de Oliveira e Cibele Rizek (orgs.), *A era da indeterminação* (São Paulo, Boitempo, 2007); Francisco de Oliveira, Ruy Braga e Cibele

Os ensaios de Roberto Schwarz, principalmente aqueles redigidos a partir de meados da década de 1990 – isto é, após a descoberta da reflexão de Robert Kurz sobre o "colapso da modernização"[29] –, tal como o impactante "Fim de século"[30], serviram de inspiração para Oliveira e para os demais pesquisadores do Cenedic no momento da virada "negativa" que estavam atravessando. Essa nova perspectiva tornou-se nítida no projeto de pesquisa financiado pela Fapesp e vigente entre 2001 e 2005, coordenado por Maria Célia Paoli e tendo Chico de Oliveira e Laymert Garcia dos Santos (Unicamp) como pesquisadores principais: "Cidadania e democracia: o pensamento nas rupturas da política", pesquisa cujo objetivo era, entre outros, pensar o processo de "desmanche" provocado pelo neoliberalismo, que estaria aniquilando o que ainda restava de "vida pública e política". Essa seria, como diz o resumo do projeto, a "catástrofe real ou imaginada" então vivida pelo país. E foi na crítica de tal "catástrofe" que Francisco de Oliveira se sentiu interpelado pelas reflexões dos dois colegas de timbre adorniano, o crítico literário Roberto Schwarz e o filósofo Paulo Arantes, ambos lhe servindo de estímulo para pensar os dilemas socioeconômicos e políticos sem saída à vista aparente do Brasil contemporâneo.

Ao contrário do que amiúde se supõe, porém, tal ênfase conferida ao papel da crítica, diante do diagnóstico de um bloqueio da política (*à la* Giorgio Agambem), não significou a adesão, da parte de Chico de Oliveira (e/ou também de Roberto Schwarz e de Paulo Arantes), a uma "negatividade pura", marcada por um "tom hipercrítico" e pela tendência a "absolutizar tendências contemporaneamente dominantes e, indiretamente, fixá-las em algo como um fim – como se isso fosse possível", conforme afirma, por exemplo, José Szwako, como que vocalizando uma opinião mais ou menos corriqueira sobre a reflexão intelectual do

---

Rizek (orgs.), *Hegemonia às avessas*, cit.; e André Singer e Isabel Loureiro (orgs.), *As contradições do lulismo: a que ponto chegamos?* (São Paulo, Boitempo, 2016).

[29] Cf. Robert Kurz, *O colapso da modernização: da derrocada do socialismo de caserna à crise da economia mundial* (São Paulo, Paz e Terra, 1992).

[30] Cf. Roberto Schwarz, "Fim de século", em *Sequências brasileiras* (São Paulo, Companhia das Letras, 1999).

sociólogo pernambucano nos últimos quinze anos[31]. Trata-se, antes, de uma negatividade determinada, assentada num diagnóstico crítico do tempo presente, do qual se pode discordar, mas cuja força precisa ser reconhecida.

É como se, após décadas de esperança depositada num salto democrático-moderno que não veio, ao intelectual de esquerda coubesse justamente isto: a crítica do presente, não para capitular ao estreito *horizonte de expectativa* do mundo contemporâneo, avesso à experiência do passado e à imaginação de outro futuro possível e desejável, mas sim pela consciência do primado do que Walter Benjamin denominava "tempo de agora", primado cuja consideração é vital para a crítica, em sentido forte, das forças material e ideologicamente dominantes[32]. Como escreve Roberto Schwarz no prefácio à edição conjunta *Crítica à razão dualista/O ornitorrinco*,

> o atualismo reflete uma exigência teórica, bem como a aspiração à efetividade do pensamento, como parte de sua dignidade moderna. À sua luz, desconhecer a tendência nova ou a data vencida de convicções que estão na praça seria uma ignorância. Nem por isso o presente e o futuro são palatáveis, ou *melhores* que as formas ou aspirações que perderam o fundamento. As denúncias que as posições lançam umas contra as outras devem ser acompanhadas sem preconceito, como elemento de saber. Esse atualismo sem otimismo ou ilusões é uma posição complexa, profundamente real, base de uma consciência que não se mutila, ao mesmo tempo que é rigorosa.[33]

---

[31] Cf. José Szwako, "Os sentidos da democracia: crítica, aposta e perplexidade na produção do Cenedic", *Lua Nova*, n. 78, 2009, p. 291. A interpretação de Szwako é amplamente tributária de uma concepção da relação entre movimentos sociais, democracia e institucionalidade política que destoa daquela dos intelectuais do Cenedic (e com ela rivaliza), tanto na sua fase "otimista" dos anos 1980 e início dos 1990 quanto no seu período "pessimista" da década de 2000. Talvez não seja exagero considerar Evelina Dagnino a principal figura em atividade dessa vertente interpretativa.

[32] Cf. Walter Benjamin, "Teses sobre o conceito de história", em Michael Löwy, *Walter Benjamin: aviso de incêndio* (São Paulo, Boitempo, 2005).

[33] Roberto Schwarz, "Prefácio com perguntas", em Francisco de Oliveira, *Crítica à razão dualista/O ornitorrinco*, cit., p. 16-7.

Tal "atualismo" crítico, agarrado ao presente, como dizia Benjamin, perpassa ambos os ensaios, assim como os trechos de entrevistas de Francisco de Oliveira ora compilados pela Boitempo.

No primeiro ensaio, da virada para o século XXI, é notável o tom de desencantamento de Francisco de Oliveira em relação à desmobilização de uma experiência (como a das câmaras setoriais) que, ampliada para outros setores da atividade econômica,

> poderia ter significado uma inovação na política econômica talvez sem paralelo mesmo nos melhores dias do *welfare State* da Europa Ocidental: se preços não são mais que a forma do conflito pela distribuição do excedente, então o controle democrático dos preços pode ser muito mais eficaz e duradouro que as tradicionais medidas monetárias, fiscais e cambiais.*

A generalização do modelo poderia, assim, como protótipo de um planejamento democrático, impulsionar enfim a ruptura com a tradição de modernização "pelo alto" que caracteriza a história política brasileira.

Poderia, mas, como sabemos, não foi o que aconteceu. Assim que assumiu a presidência da República, FHC buscou reposicionar o país conforme o vetor periférico do "totalitarismo neoliberal", cujo caráter potencialmente autoritário se alinhava muito bem à "exceção permanente" da qual uma formação social como a brasileira sempre dera prova. O cenário parecia ainda mais nebuloso porque, como sugere Oliveira ao final do ensaio, num argumento que desenvolverá alguns anos depois em *O ornitorrinco*, a própria burocracia sindical parecia estar aderindo à hegemonia neoliberal, por meio do controle dos fundos de pensão das empresas estatais administrados como fundos de investimentos e, portanto, conforme os imperativos da rentabilidade financeira. É o trunfo dos "sujeitos monetários" de que fala Robert Kurz, citado por Chico de Oliveira.

No segundo ensaio, redigido originalmente como o verbete "Brasil" para a *Latinoamericana: enciclopédia contemporânea da América Latina e do Caribe*, Chico de Oliveira revelou toda a sua acuidade crítica numa análise do passado nacional que, sem desconhecer a objetividade do que foi, não

---

* Ver, neste volume, p. 91. (N. E.)

hesitou em reinterpretá-lo à luz das implicações (ou desilusões) do presente. É isso o que explica, por exemplo, a sua mirada bastante iconoclasta – de sensibilidade benjaminiana – da história brasileira desde a colonização, história que, vista do agora, de fato revela-se como um amontoado de catástrofes entrecortadas por heroicas interrupções, as quais não lograram bifurcar os rumos de um país que, mesmo após ter tido a segunda maior taxa de crescimento econômico do mundo entre 1870 e 1970, segue sendo, ainda no século XXI, brutalmente desigual, com enorme contingente populacional vivendo em estado de pobreza, cindido por uma violência cotidiana assustadora e no qual o hipermoderno convive, sem grandes dramas de consciência, com as formas mais obtusas de um arcaico "atualizado".

Não por acaso, mesmo quando interpreta o passado, quem fala é o Chico de Oliveira pós-*Ornitorrinco*, que olha para trás sem as esperanças da superação das contradições nacionais que subsistiam até os anos 1990. Visto de agora, é como se a história brasileira tivesse sido sempre marcada por uma "dialética negativa: os problemas não eram superados para dar lugar a uma nova e superior contradição; os problemas eram rebaixados, 'solucionados' por formas precárias, arcaicas, regressivas". Assim, é como se, tanto quanto o seu amigo Roberto Schwarz, Chico de Oliveira passasse a ver no ceticismo e na ironia machadianos uma figuração dos impasses sem indício de superação que foram se acumulando ao longo da história brasileira. Nas palavras do autor:

> Desde logo, eis os elementos do truncamento brasileiro, mesmo que não se adotasse ponto de vista de desenvolvimento histórico linear. Truncamento que alimentou a autoironia dos brasileiros, cáusrica às vezes, mas baseada em fatos: uma independência urdida pelos liberais, que se fez mantendo a família real no poder e se transformou imediatamente numa regressão quase tiranicida; um segundo imperador que passou à história como sábio e não deixou palavra escrita, salvo cartas de amor um tanto pífias; uma abolição pacífica, que rói as entranhas da monarquia; uma república feita por militares conservadores, mais autocratas que o próprio imperador. Num registro não sarcástico: desenvolvimento conservador a partir de rupturas históricas libertadoras.*

---

* Ver, neste volume, p. 32. (N. E.)

Nesse cenário, o país do futuro finalmente encontrou seu destino: o futuro já está aí, congelado na "presentificação permanente". Em chave mais conjuntural, é essa também a tônica das entrevistas aqui compiladas, realizadas entre 2006 e 2016, nas quais Oliveira aborda temas quentes da política brasileira recente, tais como lulismo, PT, PSOL, golpe institucional, operação Lava Jato, governo Temer, socialismo e democracia hoje.

Juntos, tais ensaios e fragmentos compõem um mosaico incompleto, mas consistente, do diagnóstico do Brasil contemporâneo realizado por Chico de Oliveira. Dão prova, mais ainda, de que essa situação de impasse redobra a importância da crítica, à espera de uma política capaz de transformar a pobreza em classe, como ele gosta de dizer, isto é, uma política que, se agora parece improvável, se revela cada vez mais necessária, depois que as apostas (e também as ilusões) de outrora foram varridas pelo avanço destrutivo do capitalismo neoliberal.

São Paulo, novembro de 2017

O ADEUS DO FUTURO AO PAÍS DO FUTURO: UMA BIOGRAFIA BREVE DO BRASIL

Síntese da formação histórica brasileira

Nascemos, como todos os países da América, dos dolorosos e cruéis processos de formação do Novo Mundo a partir das descobertas (?) ibéricas. Conosco renasceu também o Velho Mundo. Uma extraordinária combinação: o novo, financiando a acumulação de capital – numa época em que os metais preciosos eram a forma por excelência do dinheiro –, provocou o renascimento do velho. Uma colonização inteiramente nova, cujo objetivo nunca foi, como nos séculos anteriores, apenas a conquista territorial – mesclavam-se propagação da fé cristã, comércio e exploração de riquezas comerciais. Conosco nasceu a modernidade. Éramos contemporâneos dela, seus fautores, junto com nossos conquistadores.

Isso não quer dizer que não tenha havido guerra e extermínio. No Brasil, as estimativas mais recentes falam de um contingente de 2,5 milhões de autóctones em 1500[1], distribuídos dispersamente ao longo e ao

---

[1] Carmen Bernardo, "Imperialismos ibéricos", em Marc Ferro (org.), *O livro negro do colonialismo* (Rio de Janeiro, Ediouro, 2004). Já se falou em cerca de 6 milhões de índios à época da chegada de Cabral, mas pesquisas e estimativas posteriores reduziram a cifra às proporções citadas por Bernardo.

largo do que corresponde hoje ao nosso imenso território; reduzidos, genocidamente, a pouco mais de 340 mil indígenas – apelido oriundo do equívoco de terem descoberto as Índias – concentrados sobretudo na Amazônia (cerca de 180 mil), com parcos, esquálidos mesmo, restos de população autóctone nas outras regiões brasileiras; estes, em geral, formam pequenos grupos, já na maior parte completamente aculturados, e situam-se no mais baixo estrato social, de uma pobreza extrema[2]. Uma catástrofe epidemiológica que se ombreia com todas as grandes pestes europeias e asiáticas.

O sentido da colonização foi mercantil[3] e se expressou, primeiro, na extração da madeira que daria nome ao que, no futuro, seria chamado "país do futuro". Mas rapidamente foi transformado num empreendimento produtivo, numa colônia de produção ou de exploração, com a introdução da cana-de-açúcar, que os portugueses haviam transportado da África para a ilha da Madeira e convertido numa atividade lucrativa combinando lavoura e indústria.

A posse da terra foi logo definida pelas capitanias e, depois, pelas sesmarias de providência real – concentrada desde logo, o que viria a ser um dos pilares da ancestral estrutura econômica, social e política da colônia, que se prolongou séculos além. O sucesso da exploração reforçou a concentração fundiária. E a cobiça internacional: França e Holanda não só namoraram a enorme possessão da coroa portuguesa como chegaram a invadi-la – a primeira por pouco tempo, no Rio de Janeiro, ainda no século XVI, e a segunda por um quarto do século XVII, no Nordeste açucareiro, disputando o açúcar e o tráfico de escravos. A Inglaterra pirateou sempre que pôde, até transformar-se na patrulheira dos mares e patrona da extinção do tráfico negreiro.

---

[2] Essas estimativas, ainda mais imprecisas, são da mesma fonte citada na nota anterior.

[3] Embora os historiadores, desde os cronistas da Conquista, tenham sempre colocado o acento na exploração como objetivo colonial, entre nós foi Caio Prado Jr. quem, decididamente, fez a interpretação do "sentido da colonização", criando toda uma linhagem na historiografia brasileira. Ver sua *História econômica do Brasil* (41. ed., São Paulo, Brasiliense, 1994) e sua *Formação do Brasil contemporâneo* (6. ed., São Paulo, Brasiliense, 1961).

Fosse como necessidade de mão de obra, devido à inadaptação da população autóctone a trabalhos regulares e à sua fuga para remotas paragens, fosse como um grande negócio, já no século XVI o comércio de escravos negros africanos se transformou em outro pilar dessa estrutura, imprimindo sua marca a ferro e fogo no corpo dos escravizados e no corpo da sociedade. No dizer de Luiz Felipe de Alencastro, a colônia americana era o lugar da produção, e a África negra, o da reprodução[4].

Provavelmente aportaram no Brasil nada menos de 4 milhões de africanos negros, num total de 10 milhões, que se distribuíram também pela América espanhola e pelas Antilhas francesa, britânica, holandesa e dinamarquesa – destaque para Jamaica, Cuba e Estados Unidos[5]. Esse estigma está na origem de problemas até hoje irresolutos, mesmo depois que a economia – já brasileira e inteiramente capitalista – chegou a ser a segunda de maior crescimento no século que foi de 1870 a 1970, aproximadamente.

O par senhor-escravo assentou as bases de uma estrutura social bipolar, que formou a maior parte da nação. A casa-grande e a senzala são o brasão dessa sociedade[6] – embora esse padrão bipolar não tenha se reproduzido no resto da colônia, que depois se tornaria independente, foi a característica patrimonialista-paternalista que formou a economia e a sociedade. Já no século XIX, a região Sul e parte da Sudeste se diversificaram étnica e estruturalmente, com a chegada de imigrantes da Europa empobrecida.

Durante um breve tempo, o Eldorado esteve nos aluviões e nas profundezas das Minas Gerais. Até hoje, qualquer pessoa pode ver, nos fundos de poços de minas em Ouro Preto, a morte dourada de milhares de negros, submetidos a semanas inteiras praticamente enterrados. A vida deles foi emoldurada em ouro e hoje faz a glória de capelas e matrizes do barroco brasileiro.

---

[4] Luiz Felipe de Alencastro, *O trato dos viventes: formação do Brasil no Atlântico Sul* (São Paulo, Companhia das Letras, 2000).

[5] Ibidem, p. 69, tabela 1.

[6] *Casa-grande & senzala* é o título do clássico de Gilberto Freyre, da geração de 1930, que infletiu, decisivamente, a interpretação da formação da sociedade brasileira, abandonando e rejeitando os clichês da antropologia e da sociologia racistas, em favor do elogio à miscigenação (30. ed., Rio de Janeiro, Record, 1995).

Em toda a colônia, outra diferença essencial: com as reservas da reprodução na África, o escravismo foi um sistema duramente predatório; a expectativa de vida de um escravo no Brasil não ultrapassava em muito os trinta anos. A mãe preta ficou na saudade das gerações de brancos que se alimentaram de seu leite e suas lendas africanas pela excepcionalidade da duração da vida dos escravos domésticos, porque os do eito, da lavoura, cedo morriam[7].

Esfolar o escravo até a alma era bom negócio para os proprietários e para os traficantes. Os Estados Unidos, com um atraso de quase um século como colônia, abrigam hoje mais de 250 milhões de habitantes, enquanto o Brasil, que assustou demógrafos malthusianos na metade do século XX, tem apenas cerca de 175 milhões de pessoas; é claro que o crescimento demográfico norte-americano excepcional é fruto também da intensa migração europeia atraída "para fazer a América" – fluxo que continua até hoje, substituído pela migração de latino-americanos.

Apesar do "exclusivo colonial", isto é, a parte do leão que ficava para a metrópole portuguesa, os "negócios do Brasil" cresceram e prosperaram; se desde o início a colônia era em relação à metrópole uma espécie de gigante que não passava pela estreita goela portuguesa, o desenvolvimento colonial foi rapidamente transformando a metrópole numa dependência econômica da colônia. É simbólica dessa inversão a extravagância da mudança da sede do império para o Brasil, quando a corte se desabalou para cá em naus, fugindo das tropas napoleônicas de Junot, nos calcanhares de d. Maria I, a Louca, e seu filho d. João VI, então regente e futuro rei.

Boaventura de Sousa Santos fala mesmo de Portugal como uma semiperiferia encalacrada entre a Europa – a que finalmente se uniu nas

---

[7] Gilberto Freyre dá excepcional relevo ao papel das escravas, e menos ao dos escravos, na educação sexual das gerações de homens e mulheres brancos brasileiros. Esse papel se projetou no imaginário brasileiro como elogio da mulata, que esconde, dengosamente, uma dura dominação de classe mesmo no Brasil atual. O Carnaval carioca é movido em torno do corpo da mulata. Alguns dos principais poetas brasileiros, como Manuel Bandeira, filho de estirpe açucarocrata pernambucana, revelou em um de seus sonetos seu sonho mais acariciado: dormir com uma negra. Jorge de Lima revela o deslumbramento com o corpo de negra em "Essa nega fulô".

últimas décadas do século XX – e um império *démodé*, na África, que não conseguiu entrar na divisão internacional do trabalho já ultrapassada pela Segunda Revolução Industrial – encruzilhada que produziu a tragédia africana e o embotamento português.

O comércio e as atividades produtivas movidas a braço escravo mantiveram e reforçaram a concentração fundiária. Tiveram seu apogeu e decaíram a mineração e o comércio do ouro, e o mesmo ocorreu com a criação de gado solto pelo pampa gaúcho e pelos sertões áridos do Nordeste, que fizeram com que o país tivesse o maior rebanho bovino do mundo, somente ultrapassado pelo da Índia, onde a vaca é sagrada e, por isso, improdutiva. Depois do advento do chamado trabalhador livre, as atividades diversificaram-se ao Sul, enquanto se enfraqueceram no Norte agrário, especialmente no que viria a ser o Nordeste.

Na virada do século XIX para o século XX, quando a Goodyear, fábrica de pneus norte-americana, vulcanizou o látex, irrompeu o surto da borracha na Amazônia. Milhares de nordestinos participaram da maior transmigração interna vista até então; nesse processo, conviveram com a malária e as sezões e ergueram teatros dourados em Manaus – onde até o tenor italiano Enrico Caruso cantou. Chegaram à Bolívia, onde o cearense Plácido de Castro liderou, no século XX, a anexação do Acre, hoje estado brasileiro.

Nessa época, começou a despontar o ouro verde (café), que seguiu das barrancas do Paraíba do Sul, no Rio de Janeiro, marchou para o oeste, no sentido do vale do Paraíba, em São Paulo, e foi bater no Oeste paulista – no século XX, a cafeicultura tomou de assalto o Norte paranaense, remontando-o. Converteu-se, depois, na mais importante mercadoria do comércio mundial, só ultrapassada pelo petróleo quando já ia avançado o século XX.

As mudanças na estrutura social, na forma de exploração das riquezas, na estrutura da propriedade, no estatuto do trabalho, com imigrantes estrangeiros, italianos, espanhóis, portugueses e, depois, japoneses substituindo o trabalho escravo nas regiões em curva ascendente de prosperidade, abalam as estruturas políticas de um rígido, mas maquiado, unitarismo da única monarquia do continente. O país real era mais uma confederação de oligarquias locais e às vezes regionais, combinando os poderes econômicos com os políticos de fato.

Desde a Inconfidência Mineira, em 1789 – que não chegou a ter, propriamente, expressão militar e, portanto, libertadora –, passando pelas revoluções liberais de 1817, 1824 e 1848 do ciclo "nordestino", com a guerra da Independência de entremeio, o país entrou em convulsão. Sim, guerra, pois, se no Sudeste a coisa foi relativamente pacífica, da Bahia a guarnição militar portuguesa foi expulsa apenas dois anos depois. Houve ainda uma regência autoritária, que governava em nome do imperador menor de idade e brandia pela espada dos Lima e Silva, inclusive o futuro duque de Caxias, o projeto autocrático da burocracia. Nesse período conturbado, a regência derrotou a Cabanagem no Pará, a Balaiada no Maranhão, a Revolta dos Malês na Bahia, as revoluções do ciclo nordestino já citadas e a Farroupilha no Rio Grande do Sul.

Foi um duro percurso, do Quilombo dos Palmares, no que é hoje Alagoas, até desaguar, sem tempestade – até na história a meteorologia é falha –, na abolição da escravatura, em 1888. Disse um conselheiro do império: "Liberta uma raça e perde uma coroa". Batia às portas a República.

Desde logo, eis os elementos do truncamento brasileiro, mesmo que não se adotasse ponto de vista de desenvolvimento histórico linear. Truncamento que alimentou a autoironia dos brasileiros, cáustica às vezes, mas baseada em fatos: uma independência urdida pelos liberais, que se fez mantendo a família real no poder e se transformou imediatamente numa regressão quase tiranicida; um segundo imperador que passou à história como sábio e não deixou palavra escrita, salvo cartas de amor um tanto pífias; uma abolição pacífica, que rói as entranhas da monarquia; uma república feita por militares conservadores, mais autocratas que o próprio imperador. Num registro não sarcástico: desenvolvimento conservador a partir de rupturas históricas libertadoras.

O lugar do Brasil na América Latina

Nas Américas, perdemos em extensão territorial apenas para o gelado Canadá e para os Estados Unidos. Somos um quinto do território total da

América, mais de um terço da América Latina e quase metade da América do Sul. Fomos empurrando o meridiano do Tratado de Tordesilhas para oeste, até bater nos Andes[8]. Anexamos o Uruguai uma vez, como Província Cisplatina, tomamos territórios do Paraguai na infame guerra, tudo dentro dos conformes da tradição da formação dos Estados nacionais na velha Europa e nos Estados Unidos. Por aí não há diferença. Anexamos o Acre, então província boliviana, como fato consumado da expansão da frente de exploração da borracha. Aí encerramos nosso expansionismo territorial, já no século XX. Essa história, fundada no mesmo movimento de expansão do mundo com as descobertas, tem, entretanto, algumas singularidades que nos distinguem dos outros latino-americanos: somos menos latino-americanos que nossos vizinhos.

Há marcadas diferenças entre os que povoaram o território da América portuguesa em 1500 e os povos autóctones de outros países da América Latina. Nossas sociedades pré-"descobrimento" eram mais tribais no plano da organização, mesmo que revisões e avanços nos estudos antropológicos, arqueológicos e paleontológicos tenham condenado o velho estigma do indígena brasileiro como "selvagem", puro nômade, sem agricultura. Na verdade, a própria Amazônia abrigou sociedades agrícolas muito estáveis[9] – embora, nesse caso verdadeiro, sem uso de metais.

O parentesco da conquista portuguesa com a espanhola inclui enormes dissimilaridades, entre as quais persistiu com marcada visibilidade a língua que se tornaria mãe: somos a única população americana de fala portuguesa, o que, até aqui, se mostrou empecilho a algumas relações entre o Brasil e esses povos vizinhos. Na verdade, a dificuldade maior se deveu à herança dos contenciosos vindos da colônia, que se projetaram

---

[8] Ver Antonio Carlos Robert de Moraes, *Bases da formação territorial do Brasil* (São Paulo, Hucitec, 2000).

[9] A cultura da mandioca foi um dos mais extraordinários legados indígenas, sendo, ainda hoje, uma das principais culturas agrícolas de subsistência do campesinato brasileiro e, na sua versão comercial, importante item da produção agrícola. Diga--se o mesmo do milho. Têm papel fundamental na alimentação das camadas mais pobres do Brasil, e mesmo das classes médias.

nas novéis nações e nacionalidades, sobretudo em nossas relações com atuais parceiros do Mercosul: Uruguai, Argentina e Paraguai.

Embora as duas metrópoles fossem igualmente ibéricas, a colonização portuguesa e a espanhola diferiram muito, sobretudo pela base produtiva, mas também na transferência de instituições da matriz e sua adaptação às condições da colônia. A colonização espanhola não era, absolutamente, um regime sem lei, embora sua aplicação nas colônias dependesse muito do poder local e o recurso à metrópole fosse quase inviável. Já a colonização portuguesa no Brasil foi muito mais frouxa. Não tivemos nada parecido com a *encomienda* e a *mita* (sistemas de trabalho obrigatório dos índios na agricultura e nas minas) dos territórios espanholizados – salvo nas breves e destruídas reduções jesuíticas dos guaranis no sul do Brasil. A escravidão no território brasileiro alcançou uma escala só comparável à de Cuba, à da Jamaica e à do sul dos Estados Unidos.

Religião comum, o severo catolicismo romano da época da Contrarreforma foi implantado entre nós majoritariamente pela Companhia de Jesus, enquanto, nos territórios coloniais espanhóis, houve mais equilíbrio entre as diversas grandes ordens católicas. No Brasil, o sincretismo religioso elaborou entre o catolicismo e as crenças africanas uma rica galeria de deuses e deusas, enquanto, entre os hispânicos, ocorreu fenômeno semelhante, mas com as deidades indígenas. Nos dois casos, foram geradas religiões populares, e a dominante tratou igualmente de construir "santos" e "milagres" latino-americanos catolicizados[10], como prática hegemônica. Ao mesmo tempo, nossos processos de resistência ao conquistador foram diferentes em grau e caráter. Ao não encontrar aqui nenhuma "civilização" que apresentasse grande resistência cultural, e também pelo caráter "primitivo" – com todo o respeito antropológico – das populações autóctones, a dominação portuguesa foi mais "suave", comparada à "crueldade" da espanhola. No fundo, tratava-se, para os espanhóis, de destruir culturas cujo grau de refinamento se equiparava

---

[10] No México, a devoção à Virgem de Guadalupe, que apareceu a um indiozinho; no Brasil, uma imagem negra da Virgem apareceu no rio Paraíba – ela se transformou na padroeira do Brasil.

ao europeu – e muitas vezes o superava. Para citar um exemplo, alguns conhecimentos maias sobre o universo eram, sem dúvida, superiores aos de seus conquistadores[11].

Considerando isso, continua a surpreender os historiadores que punhados de aventureiros temerários tenham conquistado o Altiplano andino, a Meseta mexicana e o imenso território brasileiro, com populações centenas de vezes maiores que a dos invasores. Para medir esse destemor: Hernán Cortés mandou queimar as naus para não recuar. Daí que não exista no Brasil nenhum grande herói indígena antiportuguês: o caráter abastardado da própria colonização, que dizimou mais pelo desastre epidemiológico que pela matança, não cristalizou nenhum mito. Não temos nenhum Cuauhtémoc nem Túpac Amaru, mesmo que já aculturados.

Diga-se a mesma coisa das guerras de Independência e de seus processos. Guerras houve – sobretudo na Bahia –, como já foi ressaltado, mas a solução "brasileira" da conciliação, muito antes do "transformismo" lampedusiano da Itália do *Risorgimento*, tirou-nos também um herói da Independência. Em vez de Bolívar, San Martín, Miranda, Sucre, O'Higgins, o próprio príncipe herdeiro da coroa portuguesa foi transformado em imperador do Brasil. D. Pedro I, pela intensidade de sua vida conturbada, rei de Portugal que também foi no regresso à metrópole (d. Pedro IV), incluindo-se certo desregramento lúbrico, marcou-nos mais pela piada, menos pela heroicidade. A solução "brasileira" de uma monarquia não teve processo similar nas Américas.

Essas "especificidades" foram, depois, saudadas pelas novas ciências sociais brasileiras, sobretudo com Gilberto Freyre e Sérgio Buarque de Holanda[12]. O primeiro com o elogio da plasticidade portuguesa, do

---

[11] Aspectos que hoje poderiam inscrever-se no campo da astrofísica, da geografia do céu, da regularidade das estações, do calendário. Quando o Ocidente inventou instrumentos de medição e de observação, desde Galileu, o salto qualitativo deixou para trás os conhecimentos de outras culturas, inclusive asiáticas.

[12] Gilberto Freyre, *Casa-grande & senzala*, cit., e Sérgio Buarque de Holanda, *Raízes do Brasil* (26. ed., prefácio de Antonio Candido, Rio de Janeiro, José Olympio, 1994), são os autores mais importantes da geração que apareceu nos anos 1930; eles reformularam radicalmente a interpretação da formação da sociedade brasileira. Outro autor

amolengamento católico, sem a vergonha que até então estigmatizava o encontro das "três raças tristes" formadoras do caráter do brasileiro, herói sem nenhum caráter, Macunaíma, personagem já clássico de Mário de Andrade[13]; ao contrário, apostando na capacidade desse povo miscigenado. O segundo, mais weberiano, vendo vantagens no iberismo, mas lhe assinalando as falhas que repercutirão nos problemas futuros da indistinção entre o público e o privado, do patrimonialismo brasileiro, do amolengamento católico enquanto falta de rigor ético, que se projetou da vida privada para a pública. Richard Morse, historiador norte-americano, alinhou-se aos dois no elogio do iberismo, apontando para o rigor protestante como fonte da intolerância que já dava mostras nas Américas com os *pilgrims* e que George W. Bush nos jogou na cara[14].

O conjunto de especificidades, tanto no Brasil quanto nos países de herança espanhola, criou dois mundos diferentes, que mal se comunicaram durante séculos; na verdade, os contenciosos coloniais, somados ao posterior desenvolvimento capitalista ligado às novas metrópoles imperialistas e à forma interna de dominação, fizeram as Américas espanhola e portuguesa se darem as costas[15]. E as costas do Brasil são

---

demiúrgico é Caio Prado Jr., cuja obra *Formação do Brasil contemporâneo*, cit., junto com a *História econômica do Brasil*, cit., assentou as bases para uma original interpretação marxista do sentido mercantil da colônia, fundando uma rica *filière* historiográfica.

[13] Mário de Andrade, um clássico moderno do Brasil, criou Macunaíma, uma espécie de anti-herói, em que, sarcasticamente, toma a tese da inferioridade brasileira provinda das "três raças tristes" e a inverte, mostrando um personagem ambiguamente ingênuo e sabido, esperto. Macunaíma se metamorfoseia sucessivamente em branco, negro e índio, como síntese das três principais etnias formadoras da população brasileira. Com seu personagem propositadamente ambíguo, fruto de uma sociedade que se fundou pelo escravismo, Andrade talvez tenha captado, como nenhum outro escritor, o elogio da esperteza, da malandragem, que no imaginário popular compensa as lacunas da formação brasileira. Ver Mário de Andrade, *Macunaíma, o herói sem nenhum caráter* (16. ed., São Paulo, Martins, 1978).

[14] Richard Morse, *O espelho de Próspero: cultura e ideias nas Américas* (São Paulo, Companhia das Letras, 1995).

[15] Brasil e Argentina se comportaram durante largo tempo como Alemanha e França; o principal corpo do Exército brasileiro estacionou sempre no Rio Grande do Sul, olhando a chamada "tríplice fronteira" – Uruguai, Argentina e Paraguai.

largas: temos fronteiras com todos os países da América do Sul, com exceção do Chile e do Equador.

O fato de que todos esses países se transformaram em produtores de mercadorias de origem primária para o mercado internacional dirigiu nossos melhores esforços para os intercâmbios com a Europa e os Estados Unidos e, a partir da segunda metade do século XX, também para o Japão. No século que passou, todo o continente conheceu processos de industrialização voltados para o mercado interno, de "substituição de importações"; isso quer dizer que todos, quase ao mesmo tempo, tentaram criar estruturas produtivas similares, logo competitivas entre si[16].

A Comissão Econômica para a América Latina e o Caribe (Cepal), desde sua fundação, em 1948, tentou injetar perspectivas integracionistas nos dois tipos de formação. De seus esforços, nasceu a Associação Latino--Americana de Livre Comércio (Alalc), ambicioso projeto de integração continental, que incluía o México. Como tática para chegar lá, processos em escala sub-regional, reunindo países de nível de desenvolvimento similar: o Mercado Comum Centro-Americano e o Pacto Andino, além do Carifta, para os países do Caribe. O Brasil, a princípio, participou com seus melhores esforços, dando à Alalc seu primeiro secretário-geral, Rômulo de Almeida; no entanto, as ditaduras militares no país, a partir de 1964, voltaram-se outra vez para a integração com o núcleo desenvolvido do sistema capitalista, e disso resultou o abandono do projeto de integração regional, um truncamento ainda maior da estrutura produtiva e uma pesada dívida externa, que passou a constituir um componente estrutural do tipo de desenvolvimento com dependência financeira.

A queda das taxas de crescimento no conjunto da América Latina e a derrubada das ditaduras militares, nos anos 1980, deram nova oportunidade ao projeto integracionista, já que os limites das dívidas externas indicavam que o projeto de integração com o centro desenvolvido não

---

[16] Tulio Halperin Donghi nos dá um excelente resumo em *História da América Latina* (Rio de Janeiro, Paz e Terra, 1975). Celso Furtado, com *Formação econômica da América Latina* (Rio de Janeiro, Lia, 1969), fornece um quadro que permite verificar as similitudes e as dissimilaridades das formações nacionais com base nas heranças espanhola e portuguesa.

tinha condições de seguir, a não ser ao preço da total perda de autonomia e soberania nacionais.

O México já havia abandonado qualquer projeto latino-americano e optou pelo Tratado Norte-Americano de Livre-Comércio (Nafta), elevando-se, assim, à condição de um dos maiores exportadores para os Estados Unidos, mas com resultados internos pífios na melhoria dos salários, na criação de empregos formais e na melhor distribuição da renda. O México viu sua bela capital, "*la región más transparente*" (Carlos Fuentes), transformar-se numa enorme favela *high-tech*. Brasil, Argentina, Uruguai e Paraguai optaram pela criação do Mercosul, baixando um pouco as ambições que tinham com a Alalc. Para estes, os resultados a curto prazo – Chile e Bolívia associados como membros não plenos, seguidos em 2005 pela Venezuela – podem ser qualificados como excepcionais, no sentido de que o comércio entre os países se tornou parte do mecanismo estrutural de reprodução das economias: a proporção do comércio do Mercosul nas economias dos países-membros mostra que, agora, cada um deles se tornou vital para os outros[17].

O Mercosul, entretanto, deparou-se com uma contradição: poucos anos depois de sua implantação (1991), entrou em cena uma nova correlação de forças na estrutura política dos países-membros, que optaram pela agenda neoliberal do Consenso de Washington como pauta para o desenvolvimento. Carlos Saúl Menem, na Argentina, e Fernando Henrique Cardoso, no Brasil, foram os líderes da nova proposta de integração com o centro desenvolvido e obtiveram, num curto prazo, resultados que pareciam confirmar o acerto da opção: uma baixa notável e mesmo radical das taxas de inflação e um movimento de recepção de capitais que parecia duradouro e promissor.

As taxas de crescimento eram excepcionais na Argentina, com seu modelo de câmbio fixo (*paridad*), enquanto o Brasil neoliberal de Fernando Collor de Mello (1991-1992) mergulhou em recessão e, nos anos de Fernando Henrique Cardoso (1995-2002), experimentou

---

[17] Para uma avaliação da trajetória do Mercosul, ver Roberto Bouzas e José Maria Fanelli, *Mercosur: integración y crecimiento* (Buenos Aires, Fundación OSDE-Altamira, 2002).

uma taxa média pouco maior que a do crescimento da população, algo como 2,3% ao ano, resultando numa taxa de crescimento *per capita* claramente insuficiente – 0,8% em média. No primeiro ano de Luiz Inácio Lula da Silva (2003), o crescimento do Produto Interno Bruto (PIB) foi de pífio 0,5% para, em 2004, saltar para cerca de 5% e, em 2005, regredir a 2,4%. Em suma, o Brasil passou a viver um crescimento errático e não sustentável.

O Mercosul desprezou a lição europeia de que a integração não é um projeto que possa ser conduzido pelo mercado, mas, ao contrário, requer não apenas uma forte vontade política como também a implantação concreta de mecanismos e instituições que tornem irreversível a reprodução combinada das economias.

A desregulamentação, as privatizações, a dissolução do precário Estado de bem-estar (malbaratando o ainda malformado mercado de força de trabalho) e políticas cambiais suicidas (o peso ao par com o dólar durante quase uma década na Argentina e o real também durante três anos no Brasil) anularam, na prática, as vantagens do comércio intrarregional – esse foi o preço que pagaram para obter êxito tão rápido no controle da inflação.

Cedo acabaram as pretensões da Argentina e do Brasil de se alçarem ao Primeiro Mundo. Uma monumental crise da dívida externa jogou ambas as nações de joelhos perante o capital especulativo internacional, em uma submissão quase completa aos ditames do FMI. A crise argentina foi radical, fazendo retroceder o país austral aos níveis pré-Perón, e a crise brasileira, embora menos profunda, foi suficiente para anular o progresso obtido com o controle da inflação. Essa contradição ainda acua o avanço do Mercosul: Uruguai e Paraguai pouco puderam fazer ante a crise de seus grandes vizinhos e principais parceiros comerciais.

A conjunção de novos governos, saídos das urnas empurrados pela decepção com os resultados do neoliberalismo e da agenda do Consenso de Washington – no Brasil, na Argentina, depois no Uruguai –, com um governo renovado no Paraguai – embora neste não se possa falar de guinada à esquerda – pode ajudar a superar os impasses do Mercosul. A aproximação cada vez maior da Venezuela gerou força e recursos ao bloco, ao qual o governo de Hugo Chávez já se associou formalmente e em cuja agenda já influi.

No entanto, as contradições não foram superadas: em 2006, a Argentina crescia a velocidades recordes mesmo em comparação com os primeiros anos de Saúl Menem, e o governo Lula superou a taxa negativa de seu primeiro ano, mas continuava dependendo fortemente da expansão do mercado mundial – leia-se China – para vender as *commodities* do agronegócio e o minério de ferro de Carajás. A Argentina mostrou, de maneira negativa, que era a dívida externa o entrave ao crescimento; aproveitou a moratória para voltar a crescer e abater 75% de sua dívida externa. O Brasil, por sua vez, permaneceu amarrado ao nó da financeirização que sustenta a acumulação de capital em condições de forçada obsolescência das indústrias de ponta. Seria melhor ter aprendido a lição argentina antes de precisar de uma grande crise para seguir receita diversa. A performance da política externa do governo Lula, ao fim de seu mandato, mostrou-se extraordinariamente comercial, sem alterar a estrutura interna da acumulação de capital, e aprofundou a condição de produtor de *commodities* de baixo valor agregado.

A abertura para a Venezuela e para Cuba era promissora, mas seria necessário não apenas provar que as relações regionais poderiam substituir com vantagens as relações com o mundo desenvolvido, mas ir além: seriam elas capazes de destravar o bloqueio da péssima distribuição de renda do país? Em outras palavras, seriam o Mercosul e os novos parceiros requisitos para o projeto de um desenvolvimento nacional – e intrarregional, é óbvio – autônomo e redistributivo? Seriam reformas ou meras vantagens comerciais?

A vertigem da aceleração: quinhentos anos em cinquenta

Juscelino Kubitschek, presidente brasileiro de 1956 a 1960, cunhou o *slogan* "Cinquenta anos em cinco". A promessa era que faria o país avançar meio século no mandato de apenas cinco anos. Kubitschek foi, aliás, o primeiro presidente descendente de imigrantes que não os originais conquistadores portugueses. Sua ascensão política, com o *handicap* de uma ascendência materna da Europa central – tcheca, ao que consta –, era, pois, sinal das intensas transformações que o Brasil experimentava desde os anos 1930. Esse período de 1930 a 1980 pode ser sintetizado aproveitando-se o *slogan* de Kubitschek: a vertigem da aceleração de um desenvolvimento de quinhentos anos em cinquenta anos de história.

Ele se abre com a controvertida Revolução de 1930[18], que não foi, nem de longe, um "raio num dia de céu azul": forças disruptivas se acumulavam em todas as direções quase mesmo desde o princípio da República, em 1889. Rebeliões militares, sobretudo no Exército, estudadas pela historiografia e pela ciência política como ciclo do tenentismo, sucediam-se quase em cascata. Nesse ciclo se inscreveu a legendária Coluna Prestes, que se internou Brasil adentro numa marcha de mais de 24 mil quilômetros, comandada por Miguel Costa e Luiz Carlos Prestes, capitão do Exército que se tornaria figura mítica, entrando depois para o Partido Comunista, no qual ficaria seis décadas como secretário-geral. Prestes foi a mais importante liderança da esquerda brasileira no século XX, até o advento de Luiz Inácio Lula da Silva.

O Exército funcionava como caixa de ressonância do anacronismo das instituições, sobretudo do nanismo do Estado brasileiro diante de uma economia que já requeria a intervenção do Estado e uma sociedade que ganhava em complexidade. O pensamento autoritário dominante nas protociências sociais do começo do século, fortemente influenciado pelo positivismo – aliás, presente na formação dos militares do Exército, sobretudo na vertente Benjamin Constant –, já pedia um Estado que organizasse a nação, que cortasse a dinâmica anárquica e centrífuga da federação baseada nos clãs regionais. Uma protociência política derivada de uma antropologia *a la* Gobineau (teórico do racismo e amigo de d. Pedro II) anatematizava a herança das "três raças tristes", depois revalorizada pelos demiurgos da geração de 1930[19].

---

[18] Ver Boris Fausto, *A Revolução de 1930: história e historiografia* (São Paulo, Brasiliense, 1972).

[19] Os autores clássicos do pensamento autoritário no Brasil são Oliveira Vianna, com vasta obra, da qual se destaca *Instituições políticas brasileiras* (3. ed., Rio de Janeiro, Record Cultural, 1974, 2 v.), e Alberto Torres, com *A organização nacional* (São

42 Francisco de Oliveira

Turbulências e movimentos civis localizados denunciavam o anacronismo institucional. Um exemplo foi a Revolta da Vacina, no Rio de Janeiro, em 1904, quando as populações resistiram à campanha de Osvaldo Cruz, patrono da moderna saúde pública brasileira e da pesquisa biológica, para debelar a varíola e a febre amarela, então devastadoras numa cidade deslumbrante mas envolta em miasmas perigosos. Reformas urbanas no Rio (entre 1903 e 1906), em São Paulo e no Recife e a fundação de Belo Horizonte (1897) constituíram uma dupla empreitada de saneamento e ampliação do mercado imobiliário.

Uma campanha pelo serviço militar obrigatório, liderada por ninguém menos que o então príncipe da poesia brasileira, o parnasiano injustamente esquecido Olavo Bilac, buscava transformar o Exército de uma tropa insignificante – apesar de rugir como um leão, seus efetivos não passavam de 20 mil soldados nos anos 1920, num território de 8,5 milhões de quilômetros quadrados, depois do auge alcançado na guerra contra o Paraguai – em uma expressão do vigor nacional, além de atribuir-lhe uma tarefa civilizadora, cumprida depois pelo marechal Cândido Rondon.

A política econômica era dominada pelos interesses da oligarquia paulista, que privilegiava a "valorização do café". Mesmo num modelo econômico primário-exportador, com o Estado liderado por uma poderosa oligarquia liberal e fortemente industrializante, já aparecia o intervencionismo estatal que depois seria assumido pelo governo federal, com Getulio Vargas, a partir de 1930.

A "questão social", incipiente, tratada pela República Velha como "caso de polícia", já forçava as portas de um sistema político anacrônico e teria peso na história brasileira do século XX, com pelo menos dois marcos: o começo dos anos 1920 e o início dos anos 1980. Greves operárias importantes nas duas primeiras décadas do século XX vão dar lugar à fundação do Partido Comunista do Brasil (depois Brasileiro), em 1922, como uma

---

Paulo/Brasília, Nacional/Editora da UnB, 1982). Não foram apenas pensadores; eles influíram na política de forma decisiva. Torres chegou a ser governador do Rio de Janeiro, e Oliveira Vianna colaborou na elaboração da novel legislação do trabalho, até os anos 1940.

secção da Terceira Internacional. O partido nasceu de uma conjunção de operários, intelectuais e militares; parte do tenentismo desaguou nele, como no caso de Luiz Carlos Prestes, Agildo Barata e Apolônio de Carvalho. O PCB desempenhou um papel importante ao longo da história brasileira[20].

Criado seis décadas depois, o Partido dos Trabalhadores reestruturaria a presença das classes trabalhadoras na política brasileira. Sua formação seguiu quase o mesmo figurino, com a exceção da presença dos militares, pois o PT se formou em plena ditadura militar do período entre 1964 e 1984[21].

Getulio Vargas reformou o Estado brasileiro, imprimindo-lhe outra vez uma forte centralização, pois o unitarismo do primeiro e do segundo impérios era, para efeitos administrativos, quase ficção. A era Vargas foi um período de intervenção nos estados, derrubada de velhas oligarquias e promoção de novas lideranças. Encampou a política de "valorização do café" e realizou uma verdadeira operação keynesiana *avant la lettre* ao queimar os estoques para garantir o preço externo[22]. Além disso, instituiu as carreiras civis no Estado sob o paradigma weberiano meritocrático, criou o Ministério da Aeronáutica e a Força Aérea Brasileira (FAB), antes apenas uma secção aérea do Exército[23], mandou um modesto contingente

---

[20] Ver Marco Antonio Tavares Coelho, *Herança de um sonho: memórias de um comunista* (Rio de Janeiro, Record, 2000). Ver também Apolônio de Carvalho, *Vale a pena sonhar* (Rio de Janeiro, Rocco, 1997).

[21] Ver, para uma comparação sucinta entre o PCB e o PT, Francisco de Oliveira, "Qual é a do PT?", em Emir Sader (org.), *E agora, PT? Caráter e identidade* (São Paulo, Brasiliense, s/d).

[22] Essa operação é brilhantemente descrita e interpretada por Celso Furtado em seu clássico *Formação econômica do Brasil*, cit., que, por sua vez, é uma releitura keynesiana da história brasileira. Um excelente estudo e mapeamento da política econômica e interpretação do primeiro período varguista encontra-se em Annibal Villanova Villela e Wilson Suzigan, *Política do governo e crescimento da economia brasileira, 1889-1945* (3. ed., Brasília, Ipea, 2001).

[23] A aeronáutica se tornou – por ironia? – uma das principais forças militares de oposição a Vargas, em sua segunda passagem pela presidência. O assassinato do major Rubens Vaz por um membro da guarda pessoal de Vargas, em 1954, desencadeou o turbilhão que levou a seu suicídio, em agosto de 1954. Carlos Lacerda, político de direita egresso do Partido Comunista, apelidado Corvo, era a principal "vivandeira" dos quartéis a insuflar golpes de Estado, e o major Vaz, seu guarda-costas.

militar, a Força Expedicionária Brasileira (FEB), para combater no *front* italiano na Segunda Guerra Mundial[24], organizou a produção em setores vitais, como o Instituto Brasileiro do Café (IBC), o Instituto do Açúcar e do Álcool (IAA) e o Instituto do Sal, federalizou e estatizou o comércio exterior, criou no Banco do Brasil a Carteira de Comércio Exterior e a Carteira de Crédito Comercial, desfez as fronteiras econômicas entre os Estados, anulando os impostos interestaduais sobre exportação e importação, instituiu o imposto de consumo e unificou o sistema fiscal; ao fazê-lo, criou o mercado em escala nacional.

Em seu primeiro governo, que foi de 1930 a 1945, mudou o estatuto do trabalho na sociedade e na economia, com a Consolidação das Leis do Trabalho (CLT), fundou – tomando emprestado do movimento de algumas categorias de trabalhadores e, em alguns casos, usurpando-as – a previdência social, instituiu o salário mínimo como horizonte do cálculo econômico e, nas grandes cidades e indústrias, como realidade concreta. Foi a "revolução passiva" da interpretação gramsciana em fortíssima aceleração. Nos termos gramscianos, uma verdadeira "guerra de movimento", que se consolidava numa "guerra de posições"[25].

No segundo período, mais breve – de 1950 a 1954 –, elegeu-se com voto popular[26] e empreendeu decididamente a segunda Revolução Indus-

---

[24] Da FEB, surgiram os oficiais que se mostraram os principais adversários de Vargas e do populismo. Já no generalato, orquestraram todos os golpes e, por fim, o decisivo, em 1964.

[25] A "revolução passiva" é complemento interpretativo necessário à teoria do subdesenvolvimento, pois, se o subdesenvolvimento, tal como teorizado por Raúl Prebisch e Celso Furtado, não é uma etapa do desenvolvimento capitalista, mas sua forma peculiar na periferia do sistema, ele não pode ser entendido sem os elementos coercitivos, com ausência da revolução burguesa, que caracteriza a "revolução passiva" em chave gramsciana. Os autores mais importantes para essa interpretação, além de Prebisch e Furtado, são Carlos Nelson Coutinho e Luís Jorge Werneck Vianna, este com *A revolução passiva* (Rio de Janeiro, Revan, 1997). Florestan Fernandes, em *A revolução burguesa no Brasil: ensaio de interpretação sociológica* (Rio de Janeiro, Zahar, 1975), fornece uma espécie de *grand finale* beethoveniano a essa saga do desenvolvimento capitalista no Brasil.

[26] Concorreu pelo Partido Trabalhista Brasileiro (PTB), que fundou antes de sua deposição, em 1945, já se dispondo a concorrer à presidência, no que foi impedido.

trial no país. Suicidou-se em 1954. A Petrobras, marco dessa época, foi fundada, contraditoriamente, na experiência dos militares com sua discreta participação na Itália já nos estertores da Segunda Guerra Mundial, na inutilidade de um Exército sem petróleo nas novas guerras motorizadas e na consciência da dependência externa das fontes de combustível.

Vargas fundou a siderurgia, extraindo – ainda durante a Segunda Guerra Mundial – do então presidente norte-americano Franklin Roosevelt a primeira grande usina de fabricação de aço: a Companhia Siderúrgica Nacional (CSN), instalada em Volta Redonda (RJ). Ao criar a Eletrobras, empreendeu um programa de eletrificação que tomou forma completa na ditadura militar de 1964-1984. Fundou o Banco Nacional de Desenvolvimento Econômico (BNDE), instituição ímpar na experiência mundial como principal financiador da acumulação de capital no país, e os bancos regionais de fomento, Banco do Nordeste do Brasil e Banco da Amazônia.

Centralizando o câmbio, Vargas praticou uma política cambial de franco subsídio às importações de máquinas e equipamentos, com um engenhoso sistema de hierarquização das prioridades e câmbio múltiplo por meio de leilões, para horror dos liberais brasileiros e das instituições monetárias internacionais. De quebra, começou o processo de institucionalização da pesquisa científica no país, com a criação do Conselho Nacional de Pesquisa, hoje Conselho Nacional do Desenvolvimento Científico e Tecnológico (CNPq)[27].

Era sua ala "progressista". Em aliança informal com o Partido Social-Democrático (PSD), também de sua iniciativa, que agrupava algumas importantes lideranças criadas por Vargas a partir das intervenções nos Estados; era sua ala "direita". Derrotou o brigadeiro Eduardo Gomes, da União Democrática Nacional (UDN), partido de caráter conservador que reuniu seus opositores, inclusive alguns antigos apaniguados do regime ditatorial varguista.

[27] Não por acaso também, a importância da produção científica e tecnológica foi percebida pelos militares e pela ascensão de cientistas brasileiros ao primeiro time mundial da pesquisa em física – caso de César Lattes – que está na origem do CNPq. Seu primeiro presidente foi o almirante Álvaro Alberto. A pesquisa nuclear foi prioridade para esse grupo e depois deixou de orientar os esforços científicos e tecnológicos. A Marinha tentou sair com seu primeiro submarino movido por

Vargas foi o verdadeiro construtor da ampliação da dominação burguesa de classe no Brasil. Contudo, não cabe aqui o conceito de hegemonia, porque, como se verá, o longo período de 1930 a 1984, com sua sequência de golpes, atesta um formidável e permanente ajuste de contas e, portanto, a ausência de consenso, até hoje certificado pela hostilidade da mídia a ele[28]. O espanto é que esse estadista não tenha sequer uma humilde rua com seu nome na capital paulista, de cujo crescimento ele foi, com certeza, o impulsionador maior. A simples enumeração das inovações na política econômica é de tirar o fôlego.

A grande oligarquia paulista, derrotada em 1932, com a cabeça feita havia mais de um século pelo jornal *O Estado de S. Paulo*, elegeu Vargas como inimigo número 1. Mesmo hoje, quando a influência desse jornal já é menor, persistem no imaginário paulista o horror e o desprezo – que a academia e a universidade também ajudaram a enraizar – a seu nome[29]. Diga-se logo que esse é um fenômeno relativamente recente, que vicejou entre as elites paulistas, pois, nas eleições de 1945, impedido de concorrer à presidência, Vargas foi eleito senador por dois estados (o que a legislação da época permitia) – Rio Grande do Sul e, precisamente, São Paulo –, ao lado de Luiz Carlos Prestes, o lendário Cavaleiro da Esperança, líder do Partido Comunista do Brasil, que foi eleito senador também pelo Rio Grande do Sul e deputado por Goiás.

A política varguista levou ao inevitável enfrentamento com a hegemonia norte-americana. Entrando de chofre na chamada Guerra

---

energia nuclear, e o Brasil atrasou-se na corrida mundial, não dispondo, hoje, da tecnologia para a produção em grande escala do urânio enriquecido. Passou a fazer isso para reabastecer as usinas de Angra dos Reis, de tecnologia alemã, o que na prática somente serviu para prejudicar o desenvolvimento nacional no ramo.

[28] Para uma discussão sobre as categorias de consenso e hegemonia, ver Carlos Nelson Coutinho, *Gramsci: um estudo sobre seu pensamento político* (Rio de Janeiro, Civilização Brasileira, 1999).

[29] Mesmo a moderna mídia é notavelmente hostil a Vargas. Em São Paulo, a *Folha de S.Paulo*, que divide com o *Estado de S. Paulo* a liderança da mídia impressa, também se mostrou profunda e militantemente antivarguista. As televisões seguiram a mesma linha, com a notória relevância da Globo, quase monopolista, que já era neoliberal antes de surgir o neoliberalismo.

Fria, os Estados Unidos elaboraram uma doutrina paradoxalmente anti-industrialista, e todos os que dissentiam eram catalogados como inimigos da democracia. A extraordinária aceleração do desenvolvimento capitalista no Brasil parecia não deixar dúvidas de que o país se estava construindo como nação capaz de rivalizar com os Estados Unidos no plano industrial, sustentada num amplo território e numa população em acelerado crescimento. A acusação de estatização serviu como uma luva para um pretenso *aggiornamento* do Brasil em direção ao Leste. Visto mais de perto, o processo é de um tipo em que o nacionalismo foi mais uma decorrência das conjunturas impostas ao Brasil pela inexistência de financiamento que uma opção ou uma escolha calculada. Salvo no caso do petróleo, para o qual os Estados Unidos e os demais países industrializados decididamente não colaboravam, devido ao controle de mercado pelas grandes empresas petrolíferas mundiais – dominadas por Estados Unidos, Inglaterra e Holanda –, que radicalizou a opção brasileira pela exploração estatal. Basta dizer que a Petrobras tomou seu primeiro empréstimo internacional já na década de 1980, tal o boicote liderado pelas grandes empresas de petróleo.

Kubitschek avançou no sentido deixado por Vargas, realizando a promessa de seu *slogan* "cinquenta anos em cinco". Investiu decididamente num amplo programa industrializante, com uma simultaneidade em todos os *fronts*, viabilizando a interação dos setores, desbloqueando um velho problema: por onde começar a industrialização numa economia com renda extremamente concentrada. Começar pelos bens-salários não era, decididamente, uma boa estratégia, mas a opção também não deu prioridade absoluta à produção de bens de capital, como foi o caso da industrialização da antiga União Soviética, embora a longo prazo a ausência de uma forte prioridade para os bens de capital se tenha revelado um entrave ao desenvolvimento.

Assim, a simultaneidade foi uma estratégia de criar o mercado pela ação combinada da oferta e da procura: o avanço na siderurgia fornecia aço para as montadoras de automóveis, por exemplo, e a abertura de novas estradas funcionalizava a opção pelo caminhão como meio de transporte. O abandono da ferrovia num país com as dimensões do Brasil se revelaria, no futuro, um equívoco que passou a encarecer sobremaneira a produção da fronteira agrícola que se expandia em direção ao Centro-Oeste.

Eleito pelas mesmas forças políticas que haviam sustentado Vargas, Kubitschek se diferenciou porque a exportação das multinacionais de seus países de origem em direção à periferia capitalista desbloqueou a questão do financiamento. Os empréstimos internacionais continuaram escassos, mesmo com a encenação de uma "operação pan-americana", pela qual ele pretendia obter o concurso norte-americano para seus planos[30]. Mas, apesar da negativa norte-americana a financiar a industrialização da periferia – os Estados Unidos, então em plena Guerra Fria, viviam o beligerante isolacionismo republicano de Eisenhower e Foster Dulles –, já era a época das multinacionais.

Eleito com um programa nacionalista, Kubitschek abriu as portas ao capital estrangeiro, utilizando para isso um estratagema de Eugênio Gudin, o papa do pensamento econômico liberal no Brasil do século XX. A estratégia de Gudin, que havia sido ministro de Café Filho, consistiu em incentivar, via desburocratização e desoneração, as importações de bens de capitais por parte das empresas estrangeiras, como mecanismo de industrialização; foi a chamada importação sem cobertura cambial[31]. O subsídio às importações de bens de capital continuou forte, o que implicava uma transferência de renda dos exportadores para os importadores.

Kubitschek utilizou toda a nova envergadura do Estado brasileiro para induzir a industrialização e, nos cinco anos de seu mandato, todas as grandes marcas da indústria mundial tinham se estabelecido no Brasil. O ícone da nova industrialização, a indústria automobilística, já

---

[30] Da qual pode ter resultado, segundo algumas interpretações, a criação do Banco Interamericano de Desenvolvimento (BID), que se tornou importante fonte de financiamento, sobretudo, para gastos e investimentos dos Estados latino-americanos. Prefiro a interpretação que vê a criação do BID como parte da política da aliança para o progresso de John F. Kennedy. Ainda assim, é preciso relativizar a importância do BID: O BNDES, banco brasileiro estatal para o financiamento do desenvolvimento, por exemplo, tem mais recursos para empréstimos.

[31] Ver Carlos Lessa, *Quinze anos de política econômica* (2. ed., São Paulo, Brasiliense, 1981).

produzia os Volks, Fords, Chevrolets, Simcas, DKWs-Vemag, Renaults e caminhões Mercedes-Benz em menos tempo que o previsto. Em uma foto histórica, vê-se um orgulhoso e radiante Juscelino de pé num brilhante Fusca, inaugurando a fábrica da Volkswagen em São Bernardo do Campo (SP), já em 1959. É verdade que a Ford e a General Motors já estavam no Brasil havia algumas décadas, montando veículos que chegavam em partes no sistema CKD, mas a fabricação integral se deu na era Kubitschek. Os japoneses chegaram também pela porta da associação de capitais na indústria siderúrgica.

Mas não houve nenhuma inovação social de monta no período. Kubitschek deixou intocada a velha estrutura agrária, já em *débâcle*, pressionada pela demanda industrial, pela migração campo-cidade e pelas urgentes necessidades de alimento nas metrópoles povoadas por nova massa de trabalhadores – a cidade de São Paulo cresceu algumas décadas à impressionante taxa de 8% ao ano. No campo do trabalho, as reformas varguistas não experimentaram nenhuma grande inovação.

O lado desenvolvimentista de Kubitschek partilhava da crença de que o mercado resolveria o problema da desigualdade social. A "marcha para o Oeste" se concretizava com Brasília e a abertura de enormes reservas de terra, que uma década depois começaria a revolucionar a geografia agrária e agrícola brasileira. Os institutos de previdência, invenção varguista, foram utilizados até o osso para construir Brasília e as novas estradas federais de abertura para o interior.

A "revolução passiva" é a marca registrada do longo período começado em 1930 e talvez encerrado apenas com a eleição de Fernando Henrique Cardoso; essa marca foi confirmada pela eleição de Lula, liderança sindical que marcou a transição entre a ditadura militar que se finava e o novo regime democrático de 1984. As poderosas transformações significaram uma espécie de compactação da história – de que o *slogan* de Kubitschek é a melhor tradução – que talvez não pudesse ser realizada no quadro das velhas instituições políticas brasileiras[32].

---

[32] É característico das grandes acelerações na história do capitalismo moderno que elas tenham sido conduzidas por estados e regimes autoritários – até mesmo totalitários.

A industrialização do Sudeste, por uma espécie de "efeito dominó", jogou no lixo trezentos anos de latifúndio no Nordeste agrário, intocado pelas transformações getulista-kubitschekianas, e as ligas camponesas explodiram: o grande silente começou a falar. Um sopro de renovação política parecia estar acontecendo, com eleições em importantes estados, como Bahia e Pernambuco, cujo reclamo não era mais o da "indústria das secas", das obras para contornar a semiaridez de grande parte da região, mas a petição por indústrias. Kubitschek reagiu com a criação da Sudene, vigorosa revolução federativa que tentou industrializar o Nordeste na mesma chave "paulista"[33]. Celso Furtado foi a grande liderança intelectual que se metamorfoseou em liderança política para conduzir com maestria a obra cujo diagnóstico ele mesmo traçara no célebre documento "Uma política de desenvolvimento econômico para o Nordeste". Montado nesse Rocinante, Furtado era a razão entrando nos latifúndios da desrazão oligárquica multissecular. Os latifúndios da desolação.

O país fervilhava: bossa nova, Paulo Freire, d. Hélder Câmara e seus apartamentos populares do Banco da Providência, na Gávea, zona mais

---

A teorização marxista da "via prussiana" e, posteriormente, a "revolução passiva" de Gramsci interpretam os casos clássicos da Alemanha, da Itália e do Japão nessa chave. O exemplo alemão é particularmente ilustrativo: em cinquenta anos de história, entre 1870 e 1920, a Alemanha se unificou, sob Bismarck, passou à cabeça da Revolução Industrial na Europa e no mundo, escolhendo como via fundamental a indústria química, então vanguarda do progresso técnico, viu ser criado o primeiro grande partido de esquerda de massas, o SPD, de nítida base operária, derrubou uma poderosa monarquia no rastro de fragorosa derrota militar na Primeira Guerra Mundial, criou uma república e uma constituição modelares, experimentou uma revolução cultural que sentou as bases do cinema moderno e do expressionismo no teatro e na pintura. O nazismo é quase uma consequência trágica desse terremoto. Para uma discussão sobre os "capitalismos tardios", ver Aloísio Teixeira, "Estados Unidos: a 'curta marcha' para a hegemonia"; José Carlos de Souza Braga, "Alemanha: império, barbárie e capitalismo avançado"; e Ernani Teixeira Torres Filho, "Japão: da industrialização tardia à globalização financeira", todos em José Luís Fiori (org.), *Estados e moedas no desenvolvimento das nações* (Petrópolis, Vozes, 1999).

[33] Ver Francisco de Oliveira, "Elegia para uma re(li)gião: Sudene, Nordeste – Planejamento e conflito de classes", em *Noiva da revolução/Elegia para uma re(li)gião* (São Paulo, Boitempo, 2008), p. 119-275.

que nobre do Rio de Janeiro, o cinema novo[34], uma explosão cultural intensamente renovadora, na qual o teatro teve enorme papel[35], um movimento estudantil vigoroso que dialogava diretamente com o Estado[36], uma nova camada operária em São Paulo, saída da indústria automobilística e do complexo metalomecânico que se formou à sua volta e para a fabricação dos eletrodomésticos, ligas camponesas no Nordeste e em Goiás. Uma nova classe média, ávida por consumir os bens da nova Revolução Industrial, ultrapassou as velhas estruturas, provocando deslizamentos e substituição de classes numa voragem incontrolável. A burguesia nacional, cuja liderança era incontestada, viu-se substituída nos setores motores pelo capital internacional e pelo capital estatal. O capital estrangeiro transitou dos serviços de transporte, ferrovias, portos, energia elétrica, telefonia, gás, para a indústria manufatureira, e as empresas do Estado ocuparam lugares-chave na produção de bens intermediários – petróleo, ferro, aço, álcalis, energia –, além de serviços que antes eram de propriedade estrangeira. A mudança nas bases da propriedade foi radical e repercutiria, inevitavelmente, nas estruturas políticas. Uma destruição criadora, de proporções[37] quase incalculáveis, mas sempre incompleta,

---

[34] Tentou-se, com breve êxito, um cinema industrial ao modo de Hollywood com a Vera Cruz, sediada em São Paulo. Ver Jean-Claude Bernadet, *Brasil em tempo de cinema: ensaios sobre o cinema brasileiro* (Rio de Janeiro, Paz e Terra, 1976). A marca do cinema foi, inegavelmente, a do cinema novo, com uma geração que tinha Glauber Rocha, Joaquim Pedro, Eduardo Escorel, Eduardo Coutinho, Cacá Diegues e o predecessor de todos, Nelson Pereira dos Santos. Anselmo Duarte ganhou a primeira Palma de Ouro do cinema brasileiro em Cannes, com *O pagador de promessas*, mas há consenso entre os especialistas de que sua cinematografia não é cinema novo.

[35] Tanto no Rio de Janeiro quanto em São Paulo, fundaram-se grupos e companhias teatrais que deram o decisivo impulso rumo a um teatro profissional, renovando a herança dos pioneiros amadores.

[36] A União Nacional de Estudantes (UNE) foi protagonista nas lutas pelas transformações sociais. Já havia dado uma enorme contribuição na campanha "O petróleo é nosso", que sustentou a criação da Petrobras.

[37] É de Joseph Schumpeter o conceito de "destruição criadora", que assinala o processo capitalista de acumulação que necessita destruir os modos anteriores de produção a fim de fazer avançar as formas novas das forças produtivas. Ver seu *Teoria do desenvolvimento econômico*.

pois mantinha, junto com as novas forças produtivas, uma combinação arcaico-moderna *sui generis*.

Uma biografia breve do Brasil, centrada no período que vai da Revolução de 1930 até 2005, seria incompleta sem uma referência ao papel do Partido Comunista. Fundado em 1922, na esteira da Terceira Internacional como coordenação das revoluções comunistas em todo o mundo, o Partidão – apelido inicialmente pespegado ao Partido Comunista do Brasil (PCB) pela imprensa reacionária, mas que aqui se trata, até certo ponto, de um apelido quase carinhoso, uma espécie de brincadeira dos netos com o avô da esquerda brasileira em referência a como ficou conhecido por sua posterior mastodôntica incapacidade de renovar-se – conheceu um notável avanço nas lutas populares, baseado na penetração na classe operária, que crescia e mudava de configuração, da manufatura do princípio do século para a maquinofatura, mas não ainda para o fordismo.

O PCB cooptou Prestes, que se tornou sua figura maior – e ao ganho com a entrada de um personagem com sua estatura correspondeu uma perda com uma espécie de crescente militarismo dentro do partido. Esse militarismo combinava com as estratégias da Terceira Internacional. A "longa marcha" chinesa de Mao Tsé-tung encontrou similaridade com a Coluna Prestes, e ambas foram interpretadas como a confirmação da possibilidade de revoluções em países capitalisticamente atrasados, "o cerco da cidade pelo campo", contra toda a tradição teórico-estratégica da esquerda.

Parte do tenentismo desaguou no Partidão, e a relevância de militares nele sempre foi notável[38]. Isso parece ter levado a uma enorme superestimação da potencialidade revolucionária da conjuntura brasileira e conduziu o PCB – então ainda Partido Comunista do Brasil – a organizar

---

[38] Ver Marco Antonio Tavares Coelho, *Herança de um sonho*, cit. Ver ainda o livro de Apolônio de Carvalho, *Vale a pena sonhar*, cit., uma lenda da esquerda brasileira. Apolônio saiu da experiência frustrada de 1935 para as Brigadas Internacionais da Guerra Civil Espanhola e depois para a resistência francesa. Para uma interpretação mais acadêmica, ver Gildo Marçal Brandão, *A esquerda positiva: as duas almas do Partido Comunista (1920-1964)* (São Paulo, Hucitec, 1997).

uma sublevação militar em 1935, que ficou conhecida como a Intentona Comunista. O ajuste de contas de que se falará era real; a conjuntura poderia ser, realmente, revolucionária. No entanto, a rebelião irrompeu apenas em poucas guarnições militares, no Rio de Janeiro, no Recife e em Natal, e foi duramente reprimida por Vargas. Um filme como *Olga* (nome da companheira de Prestes que Vargas entregou a Hitler), de Jayme Monjardim, deixa a leve impressão de que se tratou de uma aventura desatinada, movida por poucos e isolados militantes comunistas em quartos escuros no Méier, mas a historiografia mais séria tratou o levante com mais propriedade.

O Partido Comunista do Brasil ingressou numa clandestinidade que durou dez anos, emergindo em 1945, com a queda de Vargas; pouco antes, a ação do partido já se fazia às claras, aliando-se ao chamado "queremismo", uma petição por uma Constituinte com Vargas. O partido voltou com força: elegeu uma importante bancada na Constituinte, deputados estaduais e vereadores espalhados por todo o Brasil, dominou algumas câmaras em cidades como Santo André, Sorocaba, São Paulo, Santos ("porto vermelho", na expressão de Ingrid Sarti[39]), Jaboatão, em Pernambuco, que era chamada "Moscouzinho", e teve importantes representações no Rio de Janeiro, em Pernambuco e em São Paulo, onde chegou a eleger Diógenes Arruda Câmara para deputado constituinte com uma votação proporcional ainda não superada. Prestes mesmo se elegeu senador por seu estado natal, o Rio Grande do Sul. Seu candidato às eleições presidenciais de 1945, Iedo Fiúza, um obscuro médico do Rio de Janeiro, obteve 10% do total de votos, façanha inigualada por qualquer partido de esquerda até a primeira votação de Lula, em 1989.

Importante assinalar para a história da esquerda no Brasil, e para a própria história brasileira, que o PCB emergiu fortemente no pós-1945, do mesmo triângulo operário que seria o berço do PT em 1980: as cidades operárias do ABC paulista, então, na década de 1940, já cinturão

---

[39] Ingrid Sarti, *O porto vermelho: os estivadores santistas no sindicato e na política* (Rio de Janeiro, Paz e Terra, 1981).

industrial da capital. É claro que os "intérpretes" da novidade do PT fingiram desconhecer essa história, até para tornar o PT o inventor da roda da história operária no Brasil[40].

Em 1947, com a emergência da Guerra Fria, o crescimento do Partidão assustou as classes dominantes brasileiras e o governo norte-americano, e o partido foi posto na ilegalidade. Experimentara escassos dezoito meses de existência legal. Até 1988, com a Constituinte, o partido ficou na ilegalidade. Nesse longo período, sobreviveu quase às claras em alguns Estados e algumas conjunturas. Mas a clandestinidade e a mudança de rumos da posição da então URSS no que dizia respeito às revoluções armadas levaram o PCB a navegar nas tortuosas águas da política brasileira de acomodações, fazendo alianças as mais espúrias para um partido com vocação transformadora. O fator predominante de seu declínio foi, sem dúvida, a ilegalidade: no momento em que sua base social se expandia, deixava de ser clandestina para ser central na estrutura de classes, o partido mergulhava na clandestinidade. Isso foi decisivo.

As práticas aliancistas espúrias, no contexto de uma quase incondicional submissão às diretrizes de Moscou, e uma ruptura, em 1962, que levou à criação de uma dissidência que se transformou no Partido Comunista do Brasil (PCdoB), de orientação maoista, cuja influência crescia no movimento comunista internacional, cegou o PCB (agora Partido Comunista Brasileiro) para a nova realidade do trabalho no país e para a nova complexidade do capitalismo. Se havia se implantado positivamente em vários e importantes núcleos operários ao longo do país, a partir da industrialização fordista começou a perder o pé; e a dura repressão não foi menos importante: toda a direção central do partido foi assassinada na transição entre os ditadores Emílio Garrastazu Médici e Ernesto Geisel. Até surgir o PT como concorrente na representação da classe – golpe mortal no antigo partido.

---

[40] Ver de Francisco de Oliveira, "Qual é a do PT?", em Emir Sader (org.), *E agora, PT?*, cit. No mesmo livro, há o artigo "Os desafios do PT", de José Dirceu, ex-ministro da Casa Civil do governo Lula, que defende a tese da novidade do PT. Logo ele, que foi militante clandestino do Partidão.

Mas a influência do Partidão na cultura brasileira foi inegável e benéfica, o que é uma contradição[41], porque, no terreno da teoria marxista, que deveria ser seu campo preferido, ela foi no mínimo medíocre. As melhores expressões da elaboração marxista nos anos gloriosos do Partidão foram todas heterodoxas, duramente reprimidas, e nunca chegaram a ter influência nas diretrizes de sua ação política. Em muitos momentos (como o que sucedeu a Segunda Guerra Mundial), praticamente toda a intelectualidade brasileira de ponta era militante ou simpatizante do PCB: escritores, poetas, pintores, arquitetos, urbanistas, teatrólogos, cineastas, professores, artistas, sociólogos, advogados, juristas, jornalistas.

As Forças Armadas, silenciadas pelo progresso, voltaram a falar. Vitoriosas com o suicídio de Vargas, viram-se derrotadas com a vitória de Kubitschek, que, contudo, deu de presente à Marinha um porta-aviões, o *Minas Gerais*. Entretanto, este não podia sair do porto carioca porque afundava o orçamento da Marinha – com isso, o humor carioca o apelidou de *Belo Antônio*, em alusão ao sarcástico filme em que Marcello Mastroianni fungava no cangote das belas *ragazzi di piazza di Spagna*, mas... não funcionava.

No período de Kubitschek, três tentativas de golpe anteciparam 1964: a manobra da Marinha para impedir sua posse, ainda em 1955, e os falidos golpes de Jacareacanga e Aragarças, da Aeronáutica. A longa "revolução passiva", um pesado ajuste de contas entre os principais blocos burgueses, e a disputa pelo controle sobre a nova classe operária contam-se, desde 1930, em uma sucessão de golpes ou quase golpes de Estado: 1932, Revolução Constitucionalista de São Paulo; 1935, a rebelião comunista chamada pejorativamente de Intentona; 1937, um *Putsch* dos integralistas quase fascistas – um integrismo cristão fortemente nacionalista que seduziu um grande número de intelectuais, com as caricaturas de saudações e uniformes copiados dos nazifascistas –, que Vargas aproveitou para dar o golpe de Estado que fundou o regime chamado de Estado Novo, associado pela literatura política ao fascismo italiano; 1945, golpe militar com a

---

[41] Ver Marcelo Ridenti, *Em busca do povo brasileiro: artistas da revolução, do CPC à era da TV* (Rio de Janeiro, Record, 2000).

deposição de Vargas; 1947, cassação do PCB, que tinha forte presença no Congresso e enraizamento popular; 1954, suicídio de Vargas, que fez esse gesto extremo para não ser deposto outra vez pelo Exército; 1955, tentativa de impedimento da posse de Juscelino Kubitschek pela Marinha; 1956, golpe fracassado de Jacareacanga pela Aeronáutica, que repete a façanha logo em seguida em Aragarças (duas remotas bases aéreas na Amazônia). Seguindo a lista: 1961, renúncia de Jânio Quadros, eleito presidente em substituição a Juscelino Kubitschek, inspirado pelas chefias militares com o objetivo de reforçar os poderes da presidência; no mesmo ano, adoção do parlamentarismo para anular os poderes do vice-presidente João Goulart, que tomaria posse na vacância da renúncia de Jânio Quadros. Em 1964, o golpe de Estado sem disfarces. Feitas as contas, treze eventos político--militares de rupturas institucionais democrático-republicanas num período de 34 anos; e ainda nos autoconsideramos um país cordial[42]!

E a vertigem não havia terminado. O conluio militar de 1964[43] deu o *coupe de grâce* num sistema político cujas rachaduras, produzidas não pela estagnação, mas pelos "cinquenta anos em cinco", eram visíveis e grotescas[44].

---

[42] O "homem cordial" é criação de Sérgio Buarque de Holanda, um dos grandes pensadores brasileiros de todos os tempos, e a sociedade brasileira seria "cordial" no sentido de que o privado se sobrepõe ao público; são as relações primárias, afetivas, que formam o caráter dos indivíduos e da sociedade. Aliás, não há propriamente indivíduo nesse tipo de sociedade. Trata-se de produto da herança ibérica do gosto pelas honrarias, da ausência da alteridade, do gosto pela aventura em lugar do trabalho sistemático, moldada num sistema escravocrata. Ver *Raízes do Brasil*, cit., o grande clássico buarquiano sobre o tema. Talvez a sucessão de golpes dê razão a Sérgio: um enfrentamento permanente de elites que se consideravam proprietárias da nação; as Forças Armadas eram, até a Constituição de 1988, as guardiãs da Constituição. Não eram as instituições da representação popular as detentoras dessa missão. Pessoalmente, prefiro a interpretação do subdesenvolvimento como a específica "revolução passiva" brasileira, de resto aparentada com as outras experiências da América Latina, como o peronismo e o cardenismo.

[43] A melhor descrição e interpretação da formação do golpe de Estado de 1964 continua sendo a de René Dreifuss, *1964: a conquista do Estado – Ação política, poder e golpe de classe* (Petrópolis, Vozes, 1981).

[44] Fernando Henrique Cardoso, presidente de 1995 a 2002, pesquisou, enquanto sociólogo, opções e perspectivas do empresariado nacional quanto a alianças políticas e paradigmas nacionalistas, estatistas e de aliança com o capital estrangeiro. E constatou

Brasil: uma biografia não autorizada   57

O tripé "populista" que sustentou o regime desde 1930[45], com os sindicatos tutelados atuando como correia de transmissão do Estado, as frações burguesas industrialistas e uma vasta classe latifundiária que se manteve neutra enquanto o estatuto da propriedade agrária ficou intocado, havia sofrido um forte abalo. Nesse resumo bastante condensado, vale destacar que muitas frações industrialistas eram contrárias ao desenvolvimento, particularmente setores importantes de São Paulo, que, doutrinados pelo jornal *O Estado de S. Paulo*, ainda pensavam num país de vocação agrícola, coadjuvados pelos liberais brasileiros, liderados pelo economista Eugênio Gudin.

A ditadura anulou as eleições diretas para a presidência, mantendo, em 1964, as diretas para governadores e prefeitos e todas as eleições proporcionais. Depois de um período de hesitação e de duas graves derrotas nas eleições para os executivos da Guanabara – estado que, então, compreendia apenas a cidade do Rio de Janeiro – e de Minas Gerais, o regime militar fechou os partidos políticos do período anterior e fundou um partido do governo (Arena) e um de "leal" oposição à sua majestade (MDB), que, entretanto, se saiu muito melhor que a encomenda. A presidência da República passou a ser exercida exclusivamente por generais de Exército, o posto mais alto. Quando na "sucessão" de Costa e Silva, o segundo ditador, parte da tropa se manifestou a favor do general Albuquerque Lima, que era ainda general de divisão, instalou-se uma grave crise militar, sobretudo porque o referido general era considerado um nacionalista ferrenho.

---

que o empresariado nacional já havia abandonado qualquer veleidade de um projeto nacional baseado na aliança "populista" então no poder e voltava-se preferentemente para a aliança com o capital estrangeiro. Seu livro saiu no mês do golpe: abril de 1964. Talvez tenha sido o melhor trabalho de Cardoso, junto com *Dependência e desenvolvimento na América Latina*, este escrito em cooperação com Enzo Faleto, já falecido. O livro *Empresário industrial e desenvolvimento econômico* (São Paulo, Difusão Europeia do Livro, 1964), resultado da pesquisa, é injustamente esquecido, devido às posições depois assumidas pelo sociólogo quando se tornou presidente.

[45] Ver Francisco Weffort, *O populismo na política brasileira* (Rio de Janeiro, Paz e Terra, 1978), e Octávio Ianni, *A formação do Estado populista na América Latina* (Rio de Janeiro, Civilização Brasileira, 1975).

58   Francisco de Oliveira

Uma funda reforma fiscal reaparelhou financeiramente o Estado brasileiro, realizando uma façanha que o período chamado populista nunca ousou: a criação do Banco Central. A intervenção nos sindicatos de trabalhadores foi generalizada, embora paradoxalmente o regime não pudesse ser acusado de favorecer o sindicalismo amarelo. De fato, o regime nunca cortejou os interventores que ele nomeou. Um duro arrocho salarial foi implantado imediatamente, e um processo de desnacionalização da propriedade industrial logo se desenhou no horizonte. O regime utilizou o Banco do Brasil, do qual praticamente todos os empresários eram devedores relapsos, para enquadrar os recalcitrantes. Mas não abriu as portas à importação indiscriminada, senão no período conhecido como "milagre brasileiro".

A ditadura de 1964-1984 foi protecionista, apesar de sua retórica liberal. Alinhou-se integralmente às posições norte-americanas, e apenas no consulado Geisel esse alinhamento deixou de ser automático, transformando-se até em hostilidade, com o rompimento do acordo militar Brasil-Estados Unidos. Esse acordo de garantias de investimento foi uma das primeiras expressões desse alinhamento, já que um dos pontos de maior atrito entre o governo João Goulart e o norte-americano havia sido, precisamente, a Lei de Remessa de Lucros, que impedia a sangria desatada da poupança nacional em direção às matrizes capitalistas como lucro das empresas. Quanto ao posicionamento decididamente antissoviético e anticomunista, nunca houve dissenso no período ditatorial.

A grande surpresa foi a de que o regime ditatorial, cujo projeto as oposições, sobretudo a esquerda, pensavam ser "ruralizador" ou "pastoril"[46], seguiu nas veredas abertas por Vargas e Kubitschek: claramente intervencionista, embora os formuladores da política econômica se declarassem liberais – Roberto Campos, Otávio Gouveia de Bulhões e Antonio Delfim Netto. Na verdade, o "liberalismo" dos militares era efeito de um anticomunismo feroz[47], radicalmente industrializante, talvez

---

[46] Tratava-se, como se verá a partir, sobretudo, dos anos 1970, da industrialização da agricultura nos termos de Marx, e não de ruralização.

[47] O mais completo relato dos anos da ditadura, com especial destaque para o período Geisel, é de Elio Gaspari, com a coleção As Ilusões Armadas, em quatro volumes: *A ditadura envergonhada, A ditadura escancarada, A ditadura encurralada* e *A ditadura*

como consequência das concepções militares de poder na era industrial. O regime militar utilizou o poder coercitivo do Estado, além de todos os limites pensados pelos nacionalistas do regime populista, levando o grau de estatização do sistema produtivo brasileiro a níveis elevadíssimos.

O regime investiu pesadamente na Petrobras, transformando-a, aliás, na cabeça de ponte do novel setor da petroquímica; ampliou as siderúrgicas estatais, multiplicando por quatro sua capacidade de produção; investiu na modernização do setor de telecomunicações, comprando e construindo satélites, postos no espaço por norte-americanos e franceses; ampliou as hidrelétricas estatais, da gigantesca Itaipu em cooperação com o Paraguai ao sistema de Furnas e às sucessivas barragens no rio São Francisco; empreendeu o primeiro aproveitamento hidrelétrico da Bacia Amazônica, com Tucuruí.

No setor privado, a indústria automobilística conheceu taxas de crescimento anuais de dois dígitos, no período que ficou conhecido como "milagre brasileiro" (1968-1973). Todos os setores da economia experimentaram fortíssima expansão, com média anual de crescimento do PIB no período de 11%. Até a indústria de bens de capital de propriedade nacional chegou a se destacar, dando a impressão de que, por fim, a internalização da produção de bens de capital tornaria autossustentável a expansão capitalista no Brasil.

A extraordinária turbulência do período militar deslocou, também, as antigas classes operárias – no plural, porque se trata de entendê-las sociologicamente em suas aparições e suas formações diversificadas. A combinação da centralidade dos novos ramos produtivos industriais

---

derrotada (São Paulo, Companhia das Letras, 2002-2004). Gaspari, que teve acesso a arquivos do trio Geisel-Golbery-Heitor Ferreira, não esclarece as opções ideológicas dos militares e suas políticas industrializantes e protecionistas, na contramão das convicções liberais que "justificaram" o golpe de 1964. Fica a impressão de que a ditadura era um regime caótico, que lembra muito a interpretação de Franz Neumann em seu clássico *Behemoth* sobre a (des)organização do Estado nazista. Mas os resultados na economia desmentem a aparência caótica: eles foram muito consistentes na constituição de uma nova relação de forças sociais e políticas na sociedade brasileira.

com a dura repressão envelheceu as antigas categorias de trabalhadores, que tiveram papel central na formação do sindicalismo – uma nova literatura histórica nega a passividade do operariado e sua submissão ao varguismo e ao populismo[48]. Em vez das categorias sujeitas ao peleguismo, ganharam peso aquelas ligadas aos novos setores industriais predominantes, com destaque para os trabalhadores metalúrgicos, que tinham como epicentro os empregados das montadoras de automóveis, caminhões e autopeças, no quadrilátero paulista do ABCD. A eles se juntaram os petroleiros, os petroquímicos e os bancários, esta uma categoria expressiva havia muito, mas revigorada pela crescente centralização do capital nos grandes bancos, tendo como âncora os bancários do Banco do Brasil e de bancos estaduais, como o Banespa. Nos bancos estatais, criou-se uma gama de lideranças que foi decisiva, inclusive, para a criação do PT.

Inicialmente refratárias à politização de suas demandas, desprezando mesmo os partidos políticos, as novas categorias gozaram, durante quase uma década, dos benefícios do crescimento acelerado. Aos relativamente altos salários diretos somaram-se formas privadas de salários indiretos, negociados com as empresas e que não se estendiam à massa mais ampla de trabalhadores. Ford pensaria que sua perspectiva de ter os operários como consumidores dos automóveis também se tinha realizado no Brasil. São Bernardo do Campo, Santo André e São Caetano eram, então, florescentes cidades, sem favelas, enquanto Diadema começou a crescer muito já na fase descendente do ciclo do "milagre brasileiro". Foi quando a crise bateu às portas do país.

Os benefícios indiretos ao novo operariado começaram a ser cortados, a capacidade de repassar os salários mais altos aos preços dos automóveis começou a se esgotar e, num movimento conjunto com partes substantivas da sociedade e do MDB, partido político de oposição que já se manifestava contra a ditadura, a insatisfação explodiu em greves

---

[48] Ver Fernando Teixeira da Silva, *Operários sem patrões: os trabalhadores da cidade de Santos no entreguerras* (Campinas, Editora da Unicamp, 2003), e Ingrid Sarti, *O porto vermelho*, cit.

que rapidamente se politizaram e ganharam o centro da cena política, desaguando na formação do Partido dos Trabalhadores, em 1980.

O novo sindicalismo se formou em condições muito particulares, tendo de parentesco com os demais apenas o fato de ser vítima da repressão por parte da ditadura; sua diferença específica em relação aos metalúrgicos de São Paulo, outrora categoria de vanguarda do movimento sindical paulista, residia no fato de que o sindicato da capital de São Paulo passara por uma longa intervenção, durante a qual se firmara uma liderança conservadora de Joaquim Andrade, o Joaquinzão, assentada numa larga base de aposentados, pois se tratava de ramos industriais mais velhos. Na fase do "milagre", as novas indústrias, sobretudo as da zona sul do município, não podiam ser consideradas "fordistas", dados os processos de trabalho mais ligados à manufatura em alguns ramos de bens de capital.

A rigor, o sindicalismo do ABC tinha tudo para ser americanizado, ou de "resultados", como viria a ser a marca da central Força Sindical, ligada aos metalúrgicos de São Paulo e liderada por eles. Os metalúrgicos do ABCD enfrentavam empresas estrangeiras – norte-americanas, alemãs e suecas –, que tinham nos benefícios indiretos que ofereciam (um *welfare* privado) os meios de despolitizar as negociações salariais. De qualquer modo, eram culturas empresariais bastante distintas das nacionais. Isso, aliado ao fato de que se tratava de grandes massas de trabalhadores – a Volkswagen de São Bernardo do Campo chegou a ter 25 mil trabalhadores –, deu ao sindicalismo do ABCD características bastante distintas, que foram importantes para sua formação e sua forma de inserção no movimento sindical brasileiro durante a ditadura. Dificilmente esse sindicalismo se reproduziria em qualquer outra parte do Brasil[49].

A crise do "milagre brasileiro" empurrou o novo sindicalismo para a luta geral contra a ditadura, e sua politização desaguou na formação do Partido dos Trabalhadores; ainda assim, a denominação do partido, que parece ser uma identificação com a esquerda, foi muito mais, no início,

---

[49] Ver também Adalberto Moreira Cardoso, *A trama da modernidade: pragmatismo sindical e democratização no Brasil* (Rio de Janeiro, Revan/Iuperj-Ucam, 1999), particularmente para uma discussão sobre o que se chamou "sindicalismo de resultados".

um sinal de isolacionismo: a política, que finalmente batia às portas, parecia muito mais uma projeção das negociações privadas, e um partido de trabalhadores deveria lutar apenas pelos interesses dos trabalhadores. Esse ponto de discussão é importante, porque fixou a imagem de que o PT já nasceu como partido de esquerda, o que está longe do projeto inicial; embora não se deva proceder a um revisionismo da frente para trás, é evidente que a ausência de uma cultura de esquerda no meio operário hegemonizado pelo sindicalismo do ABCD cobra seus direitos na clara direitização do Partido dos Trabalhadores. A crise geral da ditadura e o movimento de redemocratização empurraram o PT para a esquerda[50].

Nessa crise geral, inscreveram-se vários movimentos. Não é desprezível que a forte desaceleração do "milagre brasileiro", que implicou sair de taxas de crescimento anuais de 9% para ainda confortáveis 5%, tenha desalinhado contingentes das novéis e numerosas classes médias urbanas do apoio – mudo, na maior parte dos casos – ao regime militar. Elas chegaram mesmo a passar à crítica ao regime. Organizações científicas, nascidas das universidades públicas, por exemplo, que promoviam as formidáveis reuniões da Sociedade Brasileira para o Progresso da Ciência (SBPC), passaram a desafiar o regime no cerne de sua "competência" para dirigir o país. A crítica ao programa nuclear brasileiro ocupou boa parte das discussões nos anos 1970, por exemplo.

As ciências humanas reforçaram a crítica à ditadura e a publicizaram por meio dos novos jornais alternativos, como *Opinião* e *Movimento*, e os flancos do regime militar foram se alargando. Uma Igreja militante, da qual sobressaíram d. Hélder Câmara, profético, e d. Paulo Evaristo Arns, a ousadia metódica, retirou a Igreja católica do apoio inicial ao regime e começou a oposição a ele, que se difundia nas Comunidades Eclesiais de Base (CEBs), que vieram a ser uma das principais correntes formadoras do Partido dos Trabalhadores.

---

[50] Essa é uma interpretação evidentemente polêmica e não assumida pela maioria dos autores que trataram da história da formação do PT. Eu a defendo abertamente em "O momento Lênin", em Cibele Saliba Rizek e Francisco de Oliveira, *A era da indeterminação* (São Paulo, Boitempo, 2007).

O papel do Movimento Democrático Brasileiro (MDB), partido criado pela ditadura após as derrotas eleitorais de 1965 na Guanabara e em Minas Gerais, não pode ser avaliado pela óptica de sua transformação posterior em PMDB, sigla sem identidade, que subsiste como federação de caciques regionais. O MDB formou-se, heterogeneamente, por políticos de variadas extrações partidárias e ideológicas, somando desde personagens do Partido Social-Democrático oligárquico, como o emblemático conservador Tancredo Neves – que se elegeu presidente pelo colégio eleitoral em 1984, quando a ditadura "entregou os pontos", mas não se empossou vitimado por uma doença mal escondida –, passando por Ulysses Guimarães – quase obscuro deputado federal também pelo PSD de São Paulo, uma de suas secções mais fracas, que se revelou o verdadeiro *condottiere* da política brasileira nos longos anos até a redemocratização – e por políticos do PTB varguista, até uma nova geração que se formou na própria ditadura, os chamados "autênticos", e os de esquerda, do Partido Comunista, que se infiltraram no partido oposicionista, como era a prática do Partidão desde que foi posto na ilegalidade, em 1947.

O quase impossível e implausível MDB conduziu, na maior parte do tempo, com galhardia, a oposição à ditadura, vendo seus deputados e seus senadores recorrentemente cassados pelos sucessivos ditadores.

Nas eleições para senador de 1974, o MDB derrotou a Arena – o simulacro fundado para sustentar a ditadura no Parlamento – de norte a sul e de leste a oeste. O regime se viu obrigado a criar a figura do "senador biônico", indicado pelo ditador de plantão para não perder a maioria na segunda casa do Parlamento, cujo presidente, aliás, tem a função de presidir o Congresso nas sessões conjuntas e ser o quarto na linha sucessória da presidência da República.

O MDB deu abrigo a todas as formas de oposição no Brasil, e algumas de suas secções regionais, sobretudo a do Rio Grande do Sul e a de Pernambuco, notabilizaram-se por fornecer os quadros "autênticos" mais aguerridos. Ulysses Guimarães liderou praticamente todos os grandes movimentos políticos que trabalhavam pelo fim da ditadura, desde as passeatas dos grevistas do ABCD paulista – de Lula e seus companheiros –, garantindo-lhes o direito de mobilização, servindo-lhes de escudo contra as investidas policiais, até a consagradora campanha Diretas Já, em 1983 e 1984, que terminou por encurralar a ditadura, obrigando-a a sair da cena política, derrotada no mesmo colégio eleitoral que havia criado como forma de eleição indireta para garantir sua perpetuação.

Nenhuma história da redemocratização brasileira, nem nossa história do século XX, pode ser escrita sem o capítulo do Movimento Democrático Brasileiro e seu papel na luta pela democracia. Falta ainda um estudo da figura e do papel de Ulysses Guimarães que faça jus à sua estatura. O PMDB, que sucedeu o MDB na reforma partidária de 1979, não chega a ser um pálido reflexo daquele que foi criado para ser o legitimador "oposicionista" da ditadura. As condições do pretenso bipartidarismo – inspirado no exemplo norte-americano – imposto pela ditadura eram completamente artificiais. As sublegendas criadas para acomodar facções rivais dentro do próprio partido da ditadura o comprovaram; os dois partidos, o de apoio à ditadura e o MDB, não resistiriam às transformações da prolongada "via passiva" brasileira, dilatada pela própria ditadura.

A incapacidade do Partido Comunista Brasileiro de interpretar a nova situação o fez estilhaçar-se em mil pedaços. Apesar de integrar, por dentro, a real oposição ao regime, sua já proverbial "prudência" o levou a chocar-se com parcelas das classes médias que ascendiam à universidade pública. Dele saiu a maior parte das organizações que tentaram enfrentar a ditadura no campo armado, inspiradas na experiência cubana e na mítica figura de Che Guevara, que cresceu depois de seu sacrifício nas selvas bolivianas. Essas organizações, que foram chamadas de guerrilheiras, vistas em retrospecto, foram claramente derrotadas, mas seu papel na formação da crítica e da oposição à ditadura militar não deve ser subestimado. Foram dizimadas por uma dura repressão, com destaque para o grupo que se armou no Araguaia, impulsionado pelo PCdoB (de linha chinesa e, depois, albanesa), cujo clamoroso equívoco tático-estratégico foi atuar num vazio demográfico.

É do período militar também a industrialização do campo, na forma do agronegócio, ocupando os vastos espaços que a construção de Brasília, com Kubitschek, havia aberto virtualmente. Pela primeira vez na história econômica brasileira, a cidade financiava o campo, e a indústria financiava a agricultura. Os créditos do Banco do Brasil foram o meio por excelência dessa inversão[51]. Paralelamente, o regime militar realizou sua última grande inovação de inclusão social, ao criar a Previdência Rural, garantindo a aposentadoria de trabalhadores que nem sequer tinham registro de trabalho. A Previdência Rural é menos uma previdência e mais um vigoroso programa de redistribuição de renda. Essa é hoje uma fonte importante de renda para muitos municípios pobres do Brasil.

Embora a constante repressão se mantivesse atenta aos movimentos no campo, que tinham tido forte papel no pré-1964 com as Ligas Camponesas, o regime não pôde repetir a façanha do Josué bíblico: o sol não parou, e, no rastro das modificações da estrutura agrária, movida agora pelo agronegócio, combinado com os deslocamentos produzidos pela construção de barragens hidrelétricas, surgiu o que se tornou, no início do século XXI, o movimento social mais organizado do Brasil, uma reedição em escala ampliadíssima das Ligas Camponesas dos anos 1950-1960 – o conhecido, e por muitos temido, Movimento dos Trabalhadores Rurais Sem Terra (MST).

O êxito econômico da ditadura militar deu lugar a uma bizantina polêmica, uma vez que o "elogio" do desempenho econômico podia levar à conclusão de que este só é possível sob forte coerção ditatorial. Tal bizantinice esquece que a maior parte do êxito dos "capitalismos tardios", tanto os de países como Alemanha, Itália, Japão como os casos mais clássicos, deu-se realmente sob forte coerção estatal. Não reconhecer isso é "naturalizar" a democracia, em vez de tratá-la como um campo de conflitos, além de ser um péssimo idealismo, pois as ditaduras nos casos citados, como a do Brasil, representaram um pesado ajuste de contas entre as classes dominantes. Nesse ajuste, sempre estiveram em jogo a

---

[51] Ver Vinicius Caldeira Brant, "Do colono ao boia-fria: transformações na agricultura e constituição do mercado de trabalho na Alta Sorocabana de Assis", em *Estudos Cebrap*, São Paulo, Editora Brasileira de Ciências, n. 19, jan.-mar. 1977. Maria da Conceição d'Incao também já havia feito a ligação de uma nova categoria de operários rurais com a acumulação de capital – e não apenas com a propriedade da terra – no clássico *O boia-fria: acumulação e miséria* (Petrópolis, Vozes, 1975).

disputa pelo controle dos dominados e a dura repressão sobre eles, como forma de romper o equilíbrio entre os "de cima".

Não se conclui, necessariamente, do reconhecimento histórico dos "capitalismos tardios" que toda ditadura seja fator de desenvolvimento: o caso da Argentina deveria servir para não confirmar esse deducionismo banal e pobremente antiteórico. As ditaduras argentinas, desde a primeira queda de Juan Domingo Perón, ainda na década de 1940, conduziram o grande país austral, outrora um dos cinco mais desenvolvidos do mundo, ao ocaso. A questão não se resolve com pretensas "leis" do desenvolvimento histórico, mas mediante o exame concreto das relações de força em cada sociedade e, claro, de sua inserção no movimento do capitalismo mundial[52].

O ciclo neoliberal teve início com Fernando Collor de Mello, em 1990. Itamar Franco preencheu os dois anos que faltaram ao primeiro, devido a seu *impeachment*. Vieram depois dois mandatos de Fernando Henrique Cardoso. Luiz Inácio Lula da Silva deu continuidade ao ciclo. Cardoso foi seu grande *condottiere*, pois seus dois mandatos foram precedidos pela sua presença no Ministério da Fazenda de Itamar Franco, e o mandato de Lula não se diferenciou muito em vários aspectos, sobretudo no econômico.

A caracterização do ciclo neoliberal não reside apenas, nem exclusivamente, nas formas e opções da política econômica geralmente conservadora e sob a égide de políticas monetárias recessivas e políticas fiscais ortodoxas. Talvez seja no plano social que o neoliberalismo fique marcado como um período único na moderna história brasileira, na história de média duração, desde 1930. De fato, é a política antirreformas sociais, antirregulacionista, antidireitos do trabalho e direitos sociais em geral que marca o neoliberalismo. De resto, completamente dentro do paradigma neoliberal *urbi et orbi*.

---

[52] A discussão bizantina esconde a pobreza do marxismo brasileiro e latino-americano: a crença no desenvolvimento político em compasso com o desenvolvimento das forças produtivas. A crítica frankfurtiana ao "progresso" ainda não havia chegado ao Brasil.

As políticas antissociais e antitrabalhador se refletiram, no Brasil, nas reformas da Previdência: a primeira, realizada por Fernando Henrique Cardoso, incidiu sobre os trabalhadores do setor privado, aumentando a idade para aposentadoria, limitando o teto dos proventos e pensões e instituindo a contribuição previdenciária para aposentados e pensionistas. Lula da Silva fez o que o seu predecessor não havia conseguido (até porque, então, o PT se posicionou claramente contra as reformas e usou sua capacidade parlamentar de veto).

Lula atacou a Previdência dos funcionários do Estado em todos os níveis: da mesma forma, aumentou a idade para aposentadorias, instituiu a cobrança da contribuição previdenciária para aposentados e pensionistas e, igualmente, limitou o teto dos ganhos dessas categorias. Seu prestígio como liderança de trabalhadores deu-lhe "carta branca" para destituir direitos, numa linha muito parecida com a da estigmatização do funcionário público levada adiante por Collor: os servidores seriam "marajás", detentores de privilégios que os trabalhadores do setor privado não tinham. Em vez de procurar estender aos da iniciativa privada a proteção de que já gozavam os servidores públicos, restringiu o direito destes sem melhorar a situação daqueles.

Os planos de previdência privada experimentaram, então, um enorme crescimento e seguem em ascensão. Esse foi outro dos objetivos, nunca declarados, de Cardoso e de Lula. Com a política de reduzidos reajustes salariais para os servidores públicos, que nem sequer cobrem a inflação do período de treze anos dos mandatos dos dois presidentes, houve um achatamento salarial grave, que incide nas aposentadorias e pensões e cria campo propício para os negócios da previdência privada.

A economia do período Collor-Itamar-Cardoso-Lula caracteriza-se em primeiro lugar por uma taxa de crescimento medíocre. Apesar de todas as reformas feitas com os supostos objetivos de reduzir a dívida pública, sanear empresas estatais que comiam recursos do Estado e, dizia-se, promover o crescimento econômico, os resultados foram pífios. Em média, o crescimento do PIB mal alcançou os 2% ao ano de 1990 a 2005 (taxa média de 2,06%), resultado pior que o dos três últimos anos do ciclo desenvolvimentista, encerrado com José Sarney em 1989. Naquele ano, em meio à crise aberta pela *débâcle* do cruzado e à conturbação da questão inflacionária, o crescimento médio ficou em 2,2%.

O padrão da crise do desenvolvimentismo tornou-se, assim, o padrão normal do período neoliberal. Em termos de taxa *per capita*, a situação é ainda pior. Se tomarmos o referencial da década 1990-1999, quando o crescimento *per capita* acumulado ficou em apenas 1,6%, levaremos 450 anos para dobrar a renda *per capita* dos brasileiros. Se considerarmos o período de 1990 a 2004, precisaremos de "apenas" 150 anos para produzir o mesmo feito. E, contra toda a história brasileira desde os anos 1930, trata-se de uma política econômica conservadora, medrosa, anti-intervencionista.

É claro que o anti-intervencionismo valia apenas para o lado do trabalho e do trabalhador e de seus direitos recém-adquiridos. Para as privatizações, o Estado brasileiro utilizou todos os recursos, desde a coerção e a coação até os recursos do BNDES, que não foram poucos. O próprio presidente Fernando Henrique Cardoso encarregava-se de coagir os principais fundos de pensão das estatais para que aderissem aos grupos e consórcios que disputavam o controle das estatais, como ficou claro no caso da Companhia Vale do Rio Doce e pelo depoimento de um de seus ministros.

Calcula-se que o Brasil tenha gastado 88 bilhões de reais para arrecadar 89 bilhões com as privatizações, isto é, o "lucro" do Estado foi de 1 bilhão. Isso quer dizer que havia 88 bilhões de reais que poderiam ter saneado as empresas estatais e lançado ainda um vigoroso programa de crescimento econômico. A taxa de investimento sobre o PIB, que andava na casa de modestos 19% em 2005, poderia ter se elevado a cerca de 28%. Malbarataram-se 9% do PIB da época para financiar meras transferências de patrimônio, sem acrescentar nada ao crescimento real da economia.

Muito do impasse do crescimento, dessa espécie de beco sem saída, deve-se ao período neoliberal – sobretudo na área do emprego. Cardoso jogou fora cerca de 2,5 milhões de empregos industriais e Lula da Silva não conseguiu melhorar muito a situação, que já se deteriorava desde Collor de Mello, com sua política de abertura indiscriminada. A quebradeira de empresas foi recorde na história econômica brasileira. O desemprego elevou-se de 5% para 9% da força de trabalho no período Cardoso, e estimativas feitas com metodologia mais apurada (que leva em conta o desemprego oculto), como as do Seade/Dieese, calculam em cerca de 20% o desemprego na região metropolitana de São Paulo. No início do governo de FHC era de 9% da população economicamente ativa. Salvador ostenta algo como 25% de desemprego de sua força de trabalho.

A indiscriminada abertura comercial, conjugada com as privatizações que não acrescentaram quase nada à capacidade produtiva, e a afluência de novas gerações de trabalhadores à população ativa reforçaram a tendência à banalização do trabalho, jogando milhões nas ocupações informais. Ao mesmo tempo, a elevação sem paralelo da produtividade do trabalho aumentava essa banalização, o que se conjugou com a perda de capacidade dos sindicatos, por sinal apaziguados por Lula da Silva.

Em 2005, a economia reinava soberana, impunemente blindada pelo acúmulo de erros do período neoliberal, e a política tornava-se impotente para modificar o rumo das coisas. Ocorria um poderoso bloqueio da política e esta, por sua vez, dava lugar a uma economia sem regulação, o que reduzia o papel do Estado a quase zero. Levou-se o país a uma situação de crescimento errático, sem nenhuma previsibilidade, perseguindo-se desesperadamente o modelo chinês de mão de obra barata e custos de previdência zero.

Os *superavits* primários (receitas estatais menos despesas, sem contar o que fica reservado para o pagamento dos juros das dívidas) eram escorchantes (em média 5% do PIB no governo Lula), ao mesmo tempo que os juros pagos no Brasil e pelo Brasil eram os mais altos do mundo capitalista. Quanto mais se pagavam os serviços da dívida interna, mais esta crescia, porque os juros altos eram a condição para conseguir um risco-país baixo e atrair capital especulativo. Uma espécie de roda da fortuna girando velozmente para trás.

As estruturas de classes e de dominação permanecem em flutuação, sob o signo de uma forte indeterminação. Sem dúvida, há classes dominantes e classes dominadas no Brasil, mas as ciências sociais não conseguiam, ainda em 2005, nomeá-las. Em parte porque nossas insuficiências teóricas e o parco conhecimento do que se havia passado no Brasil nos vinte anos anteriores tornaram-nas incapazes. De outro lado, a mescla de setores e interesses dificultava passar o fio definidor das fronteiras. E sobretudo porque a própria política viu evaporarem-se suas relações com as classes, turbilhonadas pela velocidade das transformações, inclusive as advindas da globalização.

E se a política é, por definição, o que finalmente define o estatuto das classes, não apenas como proprietárias ou produtoras, mas como detentoras de projetos de poder e de nação, então as classes se faziam ausentes. Mas a dominação seguia em ascensão, e havia uma espécie de crescimento do aburguesamento do Brasil, sem burgueses e sem proletários. O crescimento da pobreza fazia, no terreno da classe operária, o caminho inverso da história da industrialização capitalista: os pobres transformaram-se em classe operária; em 2005, a classe operária transformava-se em pobres.

O neoliberalismo não prescindiu da política. Por isso sua caracterização entre nós a partir das presidências do país. Mas o resultado que produziu foi o da virtual irrelevância da política. Não menos que as opções políticas de Lula, a irrelevância da política respondeu por boa parte da antropofagia do novo, da liquidação da novidade da eleição de Lula. Uma espécie de poderoso aparelho digestivo da cultura política brasileira comeu o governo Lula.

Um epílogo provisório

Stefan Zweig, escritor austríaco, refugiou-se no Brasil, fugindo da perseguição nazista, e aqui publicou, em 1941, *Brasil, país do futuro*[53], numa linha entre o ufanismo e a cordialidade, como oposição aos tempos sombrios vividos então na Europa civilizada. Zweig se suicidou com sua mulher, em 1942, ao ver quase toda a Europa dominada por Hitler. Daí para a frente, o título de seu livro se transformou numa espécie de emblema do Brasil: éramos o país do futuro. A Europa o havia reconhecido, nossos recursos naturais o asseguravam, a ausência de grandes catástrofes

---

[53] Stefan Zweig, *Brasil, país do futuro* (Porto Alegre, L&PM, 2006).

naturais nos livrava de tragédias que outros povos conheciam, nosso espírito antibeligerante – negado por nossa própria história – não nos conduzia a empreitadas expansionistas e imperialistas, o Rio de Janeiro era a cidade mais bonita do mundo e a alegria contagiante de seu povo contrastava com a frieza dos civilizados; a cordialidade, já trabalhada por nossos clássicos dos anos 1930, ganhava adesão de autores como Morse[54].

Esse futuro demorava a chegar. Apesar da aceleração vertiginosa iniciada nos anos 1930, o desenvolvimento tardava e não chegou sequer com a industrialização, que vinha aos jorros do varguismo-kubitschekismo; mesmo a segunda aceleração, empreendida pela ditadura militar, ainda que provisoriamente retirando a "cordialidade" de nossa equação, gerou uma transformação social e societária de que o gênio brasileiro se apropriaria para chegar a Shangri-La.

A redemocratização, em 1984, foi outra vez realizada "por cima", na tradição da "revolução passiva", sem sangue, mas também, como diria nosso clássico da música popular, sem "choro nem vela"[55]. Confirmava-se a capacidade do Brasil alquimista de transformar chumbo em ouro. Mas as dobras desse futuro que não chegava escondiam uma realidade que estava longe de se parecer com a imagem ideal que embalou o conde de Afonso Celso e seu herdeiro, Zweig.

Minha própria interpretação do estado a que chegou a sociedade brasileira depois de uma *longue durée* (praticamente um século, entre 1870 e 1970, do começo do ciclo do café à conclusão da segunda Revolução Industrial), em que atuou como a economia capitalista com a segunda taxa mais alta de crescimento, encontra-se em *O ornitorrinco*[56].

---

[54] José Murilo de Carvalho discute os mitos do imaginário brasileiro no processo de construção da identidade nacional, o mito edênico do Eldorado e outras utopias. Ver, dele, "Nação imaginária: memória, mitos e heróis", em Adauto Novaes (org.), *A crise do Estado-nação* (Rio de Janeiro, Civilização Brasileira, 2003).

[55] Noel Rosa, sambista de Vila Isabel, cuja linhagem se prolongou num Chico Buarque, por exemplo. A frase citada é do samba "Fita amarela", que é uma espécie de autoepitáfio: "Quando eu morrer/ Não quero choro nem vela/ Quero uma fita amarela/ Gravada com o nome dela".

[56] Francisco de Oliveira, *Crítica à razão dualista/O ornitorrinco* (São Paulo, Boitempo, 2003).

O período inclui os "quinhentos anos em cinquenta", correspondente à "revolução passiva" da industrialização, à "marcha forçada"[57] depois de 1930. Seria fastidioso repetir os argumentos de *O ornitorrinco*, pois não há praticamente nada a acrescentar.

Em que consiste, pois, o adeus do futuro ao país do futuro? Sua presentificação permanente: não há mais futuro, porque ele já está aí. Há uma coetaneidade, uma contemporaneidade, entre todas "as idades geológicas" do capitalismo ou, aproveitando Marx, se é a anatomia do homem que explica a do macaco, nesse caso é a anatomia do capitalismo mais avançado que explica as infinitas combinações esdrúxulas presentes na economia e na sociedade brasileiras. O diferencial do subdesenvolvimento, ou, no dizer de Cardoso, a "originalidade da cópia", é que o subdesenvolvimento foi interpretado como a forma específica do capitalismo na periferia que ele mesmo, capitalismo, criara. O conceito de subdesenvolvimento, original criação teórica cepalina, preencheu o vazio deixado pelo marxismo[58], que tinha a obrigação de decifrar as formas pelas quais o capitalismo se expandia. O subdesenvolvimento não era uma "etapa" do desenvolvimento, num esquema *à la* Rostow ou *à la* etapismo stalinista. Ele poderia ser rompido, tentando-se inverter a relação entre os centros do núcleo desenvolvido e a periferia; em outras palavras, fazendo que a periferia alcançasse os graus de industrialização do centro para que desaparecesse a condição de economias dependentes.

Havia, portanto, uma larga franja de atividades que, em se tornando capitalistas, liquidariam o subdesenvolvimento. Simplificando muito,

---

[57] A expressão é de Antonio Barros de Castro.

[58] Há exceções nesse vazio. Entre nós, Caio Prado Jr. foi sua maior exceção e, num período já adiantado, Florestan Fernandes completou a teorização sobre o subdesenvolvimento em seu livro já citado. Hoje se fala muito de José Carlos Mariátegui, o jovem marxista peruano precocemente falecido, com sua interpretação do capitalismo na América Latina. Mas a contribuição de Mariátegui nunca chegou a ser central no pensamento latino-americano, tampouco foi adotada como orientação para os partidos comunistas na América Latina. *Par contre*, a interpretação cepalina se transformou em guia e agenda praticamente em quase toda a região, e é óbvio que a doutrina da Cepal não era propriamente revolucionária, como a de Mariátegui.

este seria vencido exatamente pelo desenvolvimento. Tal caminho não era sem perspectiva histórica: muitos países que foram "periferia" ou quase colônias copiaram aceleradamente os desenvolvidos e hoje fazem parte do núcleo. Os casos mais notórios são Japão, desde a Restauração Meiji, e Austrália e Nova Zelândia, que foram criadas como colônias de degredo.

Até subcolônias, como a Coreia do Sul, dominada pelo Japão, empreenderam, a partir da década de 1970, um decidido esforço de modernização – sob ditaduras também, traço característico dos "capitalismos tardios". Na direção contrária, exemplos não faltaram, inclusive em nosso próprio continente: a Argentina, no princípio do século XX um dos cinco países mais ricos do mundo, havia retrocedido à condição de periferia.

O futuro chegou porque o subdesenvolvimento já não era uma singularidade, a forma própria de expansão do capitalismo na periferia. Já não havia, no mundo globalizado de fins do século XX e início do XXI, fronteiras para a expansão do capital que, ao se realizar, liquidasse todas as anteriores formas "feudais" ou pré-capitalistas[59]. Conviviam todas as eras "geológicas" do capitalismo: setores *high-tech* com o trabalho informal; as classes de rendas mais baixas falando ao telefone celular; o campo, depois de uma reforma agrícola – não a agrária –, colocando o Brasil entre os maiores produtores mundiais de grãos e como o maior exportador mundial de carne bovina.

O problema da alimentação da massa urbana de trabalhadores criada pela aceleração vertiginosa dos anos 1930 a 1980 já não existia: o agronegócio o resolveu. O que existia em 2005 era uma distribuição da renda altamente concentrada, que não encontrava via de resolução pelo "pro-

---

[59] Minha própria interpretação, em *Crítica à razão dualista*, cit., é que o desenvolvimento do capitalismo na periferia sempre foi uma combinação em que o arcaico alimentava o moderno, e este promovia as formas de aproveitamento daquele. O escravismo, por exemplo, não era um sintoma de atraso, mas um negócio capitalista que rendeu polpudos lucros alimentando a acumulação de capital na colônia. Que o diga a grande expansão açucareira no Brasil, que não declinou devido ao esgotamento do que Gorender chamou de "modo de produção escravista", mas simplesmente porque os próprios capitalistas e suas potências metropolitanas deslocaram a geografia do açúcar para as Antilhas.

gresso técnico" porque este tendia a ser mais concentrador, com o enorme aumento da produtividade do trabalho barateando os bens-salário[60].

O caso da educação ilustra perversamente esse ângulo do problema: na era molecular-digital, a educação se tornou não funcional para a melhoria do mercado de trabalho. Qualquer pessoa passou a poder manejar um computador, o que viabilizou o trabalho sem forma ou informal. E a situação da educação no Brasil confirma: trata-se de fazer escolas pobres para pobres, apenas como mecanismo de legitimação, embora a vida real das populações e das classes nada tenha a ver com o que se ensina nas escolas[61].

A financeirização da acumulação de capital deslocou de fato a questão do desenvolvimento para o exterior, mesmo que, macroeconomicamente, seja possível pensar num processo de acumulação que se baseie na equação de equilíbrio entre poupança e investimento internos, que não requeira o que os economistas continuam chamando impropriamente de "poupança externa". De fato, já não era relevante, nem teórica nem praticamente, distinguir entre poupança interna e externa. O processo real fez com que o capital externo – e esse capital externo continha uma

---

[60] Maria da Conceição Tavares classificou o período FHC como "destruição não criadora", por ter liquidado a capacidade produtiva com uma inserção completamente subordinada no processo da globalização e o comando do agronegócio de baixo valor agregado na expansão capitalista. Ver Maria da Conceição Tavares, *Destruição não criadora* (Rio de Janeiro, Record, 1999). Ela trabalhou, evidentemente, com o conceito de "destruição criadora" de Schumpeter, mas na contramão: trata-se de uma reprodução não ampliada.

[61] Essa é uma tendência mundial, aliás, e mesmo os Estados Unidos, economia dominante do sistema, mostram a inutilidade da educação formal para o mercado de trabalho: estavam colocados no 49º lugar em alfabetização e no 28º lugar em alfabetização matemática entre quarenta países. *The New York Times*, 12 dez. 2004, em Michael Ventura, Secretaria-geral MST, 23 mar. 2005. Segundo a mesma fonte, citando desta vez a revista *The Week* de 7 jan. 2005, 20% dos norte-americanos pensam que o Sol gira ao redor da Terra. Uma volta a Ptolomeu, portanto. A conclusão que tais dados oferecem é que a potência mundial dispensa a qualificação dos trabalhadores; quase voltando à Idade Média, quanto mais brutos e ignorantes, melhor. Aliás, ao pensar que grande parte do imenso contingente de latino-americanos que vivem nos Estados Unidos não fala inglês, é permitido concluir que o sistema dispensa até mesmo a comunicação para explorar o trabalho deles.

alta porcentagem de poupanças internas, que migravam para ser aplicadas no mercado internacional, nos títulos do Tesouro norte-americano, por exemplo –, na forma dinheiro da moeda dominante, se tornasse o pressuposto e o resultado do funcionamento das economias periféricas. A corrida alucinante do progresso técnico projeta sempre uma fuga para a frente, uma obsolescência acelerada, para a qual os recursos internos mostram-se sempre insuficientes[62].

O conjunto de novas determinações do capitalismo globalizado produziu a erosão da nação como comunidade política, no sentido de Hannah Arendt – e, contraditoriamente ao que se pensa e ao que foi apregoado pela ideologia neoliberal, produziu não um Estado mínimo, mas um Estado máximo. Esse Estado, guardião dos movimentos do capital, buscava assegurá-los contra toda a incerteza, que aliás cresce exponencialmente no capitalismo globalizado.

A combinação de máxima incerteza, erosão da comunidade política e Estado máximo produziu um Estado que está muito perto de ser um Estado policial, no sentido que lhe atribui Jacques Rancière, para quem

> a pós-democracia é a prática governamental e a legitimação conceitual de uma democracia de depois do *demos*, de uma democracia que liquidou a aparência, o erro na conta e o litígio do povo, redutível portanto ao jogo único dos dispositivos de Estado e das composições de energias e de interesses sociais.

---

[62] E mais: do ponto de vista teórico, a equação perfeita entre poupança interna e investimento interno não se realiza, porque ambos se formam tendo por referência a taxa de lucro no núcleo desenvolvido – vale dizer, nos Estados Unidos. Ao tentar acompanhar a corrida de obstáculos do "progresso técnico", o lucro produtivo é forçado a se financeirizar para financiar a acumulação. Em curto prazo, o juro como forma de mais-valor segue de forma volátil a taxa de juros do núcleo desenvolvido, transformando-se em obstáculo à acumulação do capital produtivo. A conta não fecha nunca, porque juro e lucro, ainda que permaneçam como formas de mais-valor, na verdade são concorrentes. É assim que se pode interpretar o que Chesnais chama de "acumulação à dominância financeira". Ver François Chesnais, *A mundialização do capital* (São Paulo, Xamã, 1996), Leda Paulani, *Do conceito de dinheiro e do dinheiro como conceito* (tese de doutorado, FEA-USP, São Paulo, 1991), e André Rego Viana, *O capital Hegemon: crítica da economia apolítica* (tese de doutorado, FFLCH-USP, São Paulo, 2005).

[...]

É a prática e o pensamento de uma adequação, sem resto, entre as formas do Estado e o estado das relações sociais.[63]

Com que isso se parece? Rancière está descrevendo – ainda que isso, provisoriamente e para meus fins, pareça a "aplicação" rebaixada do pensamento do grande autor – o Estado na periferia capitalista do século XXI, inclusive no Brasil. Com *superavits* primários estratosféricos, com políticas assistencialistas de funcionalização da pobreza, com autonomia e independência do Banco Central, com reforma da Previdência, com redução de auxílio-doença, com alto desemprego e explosão do que já se chamou "trabalho informal". Isto é, a política policial fazia o acordo entre as formas do Estado e o estado das relações sociais. Se não havia emprego formal (estado das relações sociais), a forma que o Estado encontrava para dar conta dessa ausência era a precariedade, a transformação da exceção em regra, programas do tipo Primeiro Emprego e Bolsa Família. Se não havia recursos para construção de habitações, utilizava-se o mutirão, à exceção da cidade, como política estatal de habitação.

O impressionante àquela altura era que havia vencido na mídia e na esquerda o paradigma do Estado mínimo, quando o que havia era o Estado máximo. Quando as organizações não governamentais faziam o que o Estado demonstrava incompetência para fazer, mostravam que elas próprias apenas haviam se transformado em aparelhos do Estado, fazendo desaparecer aquilo que Rancière chama de "litígio do povo"[64].

Não havia, então, um só recanto do social – "interesses sociais" na citação de Rancière – que não fosse objeto de políticas do Estado. Desde aquelas destinadas a reduzir as incertezas do grande capital até as que apenas asseguravam a "vida nua"[65]: uma Lei de Falências, que assegurava que nenhuma empresa faliria, e normas para levar comida (Fome Zero),

---

[63] Jacques Rancière, *O desentendimento: política e filosofia* (trad. Ângela Leite Lopes, São Paulo, Editora 34, 1996), p. 104-5.

[64] Jacques Rancière, *O desentendimento*, cit.

[65] Giorgio Agamben, *Homo sacer: o poder soberano e a vida nua I* (Belo Horizonte, Editora da UFMG, 2002).

simulacros de educação e participação na elaboração dos orçamentos de prefeituras a todas as favelas das grandes cidades.

O cotidiano havia se transformado, em 2005, numa constante negociação entre a não forma mercantil, que impõe sobrevivências praticamente gânsgsteres – o narcotráfico, por exemplo, e sua consanguínea violência – e as precárias formas das políticas assistencialistas. Costumava-se dizer que a vida do pobre no Brasil transitava entre o azar e a sorte, palavras que em francês são uma só. Os ricos, as classes superiores, para designação das quais as velhas clivagens já não dão conta, também transitavam numa permanente negociação entre a bandidagem e a forma legal[66]. Isso se havia transportado para a política: a palavra-chave no Brasil do início do século XXI era "negociação", que não significava um negócio comercial, ou, grosseiramente, a transformação da política em negócio, mas exatamente seu contrário: a quase impossibilidade do contrato formal, mesmo na política.

As medidas provisórias eram a nova forma de legislar, ou de improvisar, na impossibilidade de prever, requisito básico da política. O que parecia estar em marcha era uma permanente incapacidade de as sociedades da periferia capitalista suportarem qualquer institucionalidade. A descartabilidade imposta pela globalização se transportou para a política nesse simulacro de negociação. Tratava-se de uma espécie de dialética negativa: os problemas não eram superados dando lugar a uma nova e superior contradição; os problemas eram rebaixados, utilizando-se formas precárias, arcaicas, regressivas[67].

---

[66] Recentemente, descobriu-se que um grande empresário, considerado um novo mecenas da arte brasileira, na verdade operava fraudulentamente com recursos do BNDES, que ele repassava aos clientes, obrigando-os a comprar ativos financeiros de suas empresas *offshore*. O mecenato do referido empresário, pelo que foi intensamente louvado como exemplo da nova consciência das classes dominantes, era feito com roubo do dinheiro público.

[67] Evidentemente esse é um uso fácil da dialética negativa, em que se quer dizer que a "solução" é falsa, pois repõe os problemas num estágio inferior à própria contradição. Mutirão como solução da habitação é falso, porque a habitação como mercadoria não pode ser "negada", isto é, ultrapassada, por uma produção da habitação cuja possibilidade está dada pelo desemprego dos trabalhadores. Ver, para uma discussão

Como na longa trajetória em companhia do capitalismo, o liberalismo realizou a façanha de retirar da política seu caráter agonístico, de decisão, nos termos de Carl Schmitt[68]. Na periferia, o neoliberalismo completou o círculo: a política se tornou irrelevante, uma "conversa sem fim".

Obrigado, Cacá Diegues: *Bye-bye*, Brasil.

---

apropriada, Marcos Nobre, *A dialética negativa de Theodor W. Adorno* (São Paulo, Iluminuras, 1998).

[68] Ver Bernardo Ferreira, *O risco do político: crítica ao liberalismo e teoria política no pensamento de Carl Schmitt* (Belo Horizonte/Rio de Janeiro, Editora da UFMG/ Iuperj, 2004).

QUEM CANTA DE NOVO *L'INTERNATIONALE*?

A ampla fase da "guerra de movimento"

A dinâmica do movimento sindical brasileiro nos últimos trinta anos constitui um formidável trabalho de invenção de espaços públicos e democráticos, no sentido de Lefort[1]. Pode-se dizer, sem cometer injustiças, que a redemocratização formal que se conhece desde a queda da ditadura, em 1984, deve muito à iniciativa do movimento sindical, questionando a capacidade de governo do regime militar, tornando concretas as denúncias sobre o chamado "milagre brasileiro" e ampliando a eficácia das operações que se passavam na política institucional; por outro lado, em interação dialética, os movimentos na política institucional atuaram no sentido de inscrever o movimento sindical entre as atividades não insurrecionais, ajudando a criar uma cultura política não schmittiana[2]. A própria política institucional acolheu uma das formas daquele questionamento – o Partido dos Trabalhadores –, que, inquestionavelmente, surgiu de um amplo conjunto de categorias sindicais

---

[1]   Claude Lefort, *A invenção democrática* (São Paulo, Brasiliense, 1987).
[2]   Ver, a respeito Annie Dymetman, Walter Benjamin e Carl Schmitt, *A hermenêutica da exceção* (tese de doutorado, FFLCH-USP, São Paulo, 1999).

das forças do trabalho. Para resumir o argumento, pode-se dizer que, paradoxalmente, a ditadura foi uma espécie de prelúdio de um *momentum* tocquevilliano, já que o fundo da nova sociabilidade "fordista" fazia coro com a forte reclamação pela democracia. Depois de prostradas as organizações sindicais pela repressão e pela intervenção do Estado nos grandes sindicatos como sequência do golpe militar de 1964, entrou-se numa fase de "acumulação de forças", diluída homeopaticamente num aparente apoliticismo das organizações sindicais e em certa apatia e mesmo resignação otimista tanto com a situação econômica quanto com o não protagonismo político, em evidente contraste com a situação do período populista anterior. De fato, a aparência de inação podem não ter sido senão as novas formas das decisivas mudanças na composição da classe operária em vários sentidos. Em primeiro lugar, a sua desfiliação política e sua desideologização[3]. Em segundo lugar, marcadas diferenças etárias e de origem regional, o que se explica não apenas porque muitas lideranças haviam sido expulsas do contingente operário, ocorrendo até certo ponto um vácuo que não foi rapidamente preenchido, como também porque uma nova fração da classe operária tinha origem regional com forte presença de imigrantes do Nordeste do Brasil[4], em razão

---

[3] Embora elementos da cultura política pré-1964 continuassem presentes e atuantes: Partido Comunista Brasileiro, Partido Comunista do Brasil, Política Operária-Polop, frações trotskistas, a Ação Popular transformando-se em marxista, e já os primeiros grupos, alguns recrutando operários para a luta armada saídos da implosão da matriz do Partido Comunista Brasileiro. Não há dúvida, entretanto, de que o grande contingente operário era flagrantemente despolitizado e não ideologizado, como talvez sempre tenha sido.

[4] Luiz Inácio Lula da Silva já era tesoureiro do sindicato de São Bernardo do Campo em 1974. A diretoria posterior, presidida por ele, tinha aproximadamente metade de nordestinos, num total de 22 membros. O crescimento da indústria automobilística no ABC valeu-se mais da imigração regional, em virtude mesmo do fato de que os operários de São Paulo já gozavam de certa estabilidade e certo enraizamento na metrópole e, por isso, o deslocamento para a nova área não era tão atrativo. Essa "regionalidade" constituiu forte fator de integração formadora de certa identidade nos termos de Edward P. Thompson, *A formação da classe operária inglesa* (Rio de Janeiro, Paz e Terra, 1987). Além disso, vale não esquecer, para sinalizar a importância da imigração do Nordeste e de Minas Gerais, que a população da Grande

mesmo do deslocamento geográfico que se assinala em seguida. Em terceiro lugar, o deslocamento da centralidade locacional dos sindicatos, da antiga preeminência dos metalúrgicos de São Paulo para os metalúrgicos do ABC – municípios de Santo André, São Bernardo do Campo e São Caetano, que formam o cinturão industrial da capital paulista. E, em quarto lugar, o novo impulso "fordista", implantado com as montadoras internacionais de automóveis e seu específico "regime salarial". A marca do novo sindicalismo, que emergiu no fim dos anos 1970, era decididamente "fordista", e essa talvez tenha sido sua maior diferença em relação ao sindicalismo pré-1964, a refletir-se, até agora, nas diferenças cruciais entre a Central Única de Trabalhadores (CUT) e a Força Sindical, duas centrais hegemônicas no movimento sindical brasileiro. A segunda tem maior implantação no município de São Paulo, existe pouco no resto do país, enquanto a CUT é, de fato, uma central nacional, territorial e setorial, agregando até a mais importante confederação de sindicatos rurais, a Confederação Nacional dos Trabalhadores agrícolas (Contag)[5].

Ao mesmo tempo, preparando essa passagem, não era indiferente a postura antipoliticista do regime ditatorial, procurando isolar a política da influência dos sindicatos. Até mesmo para as lideranças "pelegas", que se mantiveram nos sindicatos depois de passado o período crucial das intervenções – caso do famosíssimo e desastrado Joaquinzão, dos metalúrgicos de São Paulo[6] –, o regime nunca concedeu lugar central

---

São Paulo, região metropolitana da capital do estado, cresceu durante duas décadas a uma taxa anual de 8%, impossível de ser preenchida apenas pela reprodução dos *stocks* populacionais nativos.

[5] Para uma compreensão do sindicalismo brasileiro nessa fase, ver John Humphrey, *Fazendo o milagre* (Petrópolis, Vozes/Cebrap, 1982) e Maria Hermínia Tavares de Almeida, "Sindicalismo no Brasil: novos problemas, velhas estruturas", *Debate & Crítica*, São Paulo, n. 6, 1975.

[6] Joaquim dos Santos Andrade foi nomeado interventor no Sindicato dos Metalúrgicos de São Paulo pela ditadura, após o golpe militar de 1964. Os metalúrgicos de São Paulo formavam o maior, mais prestigioso e influente sindicato operário brasileiro no setor privado, célebre pela greve de 1953, com clara influência do Partido Comunista Brasileiro. Outras organizações sindicais prestigiosas se firmavam nas estatais. Joaquinzão, depois da interventoria, reelegeu-se seguidamente presidente dos

nos emblemas da política. Nunca se viu Joaquinzão flertando, em palanques e desfiles glorificatórios, com as lideranças militares e políticas da ditadura. Ele nem sequer era consultado sobre a política salarial, a não ser para ajudar a desbaratar os movimentos moleculares, desagradáveis ao regime. Em poucas palavras, o sindicalismo oficialista funcionou, durante a ditadura, como negatividade, enquanto a recusa do regime a mobilizá-lo deixou o flanco aberto à reconstituição do movimento sem relação com o Estado.

A primeira crise da cópia do pacto "fordista" não se dá com o esgotamento do esquema produtivo taylorista, mas com a crise do petróleo, que expôs pela primeira vez a fragilidade do "milagre brasileiro"[7]. Do período do "milagre" ao fim dos anos 1970, a negociação "fordista" manteve a *pax automotivae*. As empresas montadoras, dispondo de poder quase monopolista, repassavam os custos de toda negociação aos preços, deslocando o Estado da relação salarial. De um lado e de outro da mesa de negociações, patrões e empregados se deram conta, pela primeira vez, dos limites de seu *welfare* privado: tanto a alta do petróleo em 1973-1974 levou a um aumento do preço dos automóveis para além do poder do oligopólio quanto o peso do serviço da dívida externa, agravada pelos aumentos do petróleo, elevou o custo financeiro dos financiamentos ao consumidor. Foi nesse contexto que surgiram as primeiras greves do ABC, as quais prosseguirão durante os primeiros anos da década de 1980, forçadas pelo impasse da dívida externa. A contribuição do novo sindicalismo à política se expressa no fato de o desafio à política salarial que Delfim Netto, o todo-poderoso ministro da Fazenda[8], tentou imple-

---

metalúrgicos, até morrer, velho, doente e na miséria, em 1977, depois de ter ajudado a criar a Força Sindical, central concorrente da CUT. Nunca teve, sob a ditadura, as honras que o regime populista concedia às lideranças sindicais colaboradoras.

[7] O "milagre brasileiro", entre 1968 e 1973, ficou canonizado com essa denominação pelo governo da ditadura e pela mídia, submetida a fortíssima censura e também apologética do regime, pelas altas taxas de crescimento econômico obtidas durante o período, em torno de 8% anuais, igualando-se ao desempenho da época do presidente Juscelino Kubistchek, entre 1956 e 1961. A obra já referida de John Humphrey, *Fazendo o milagre*, cit., estuda a ação do sindicalismo no período "milagroso".

[8] Antônio Delfim Netto foi ministro da Fazenda nos anos do "milagre", 1968 a 1973;

mentar, de greve em greve, derrota após derrota, desgastar a capacidade da ditadura de governar e de prever, o que havia sido seu trunfo durante os anos do "milagre". A derrota da política econômica retira da ditadura seu caráter de árbitro no conflito entre empresas e sindicatos e no conflito competitivo entre empresas. É uma erosão poderosa, que torna plausível e palpável a "crítica das armas" operada pela "arma da crítica" da oposição, da campanha do anticandidato Ulysses Guimaraes em 1974, a enxurrada dos novos senadores do Movimento Democrático Brasileiro na eleição de 1978, até os novos governadores de oposição, em 1982, já no novo esquema partidário – São Paulo e Minas Gerais governados pelo Partido do Movimento Democrático Brasileiro, e Rio de Janeiro, pelo Partido Democrático Trabalhista. Este elegeu ninguém menos que Leonel Brizola, maior liderança política de oposição que sobreviveu à derrocada geral de 1964, para governar o estado do Rio de Janeiro.

A "guerra de posições"

A nova fase pode ser caracterizada como uma "guerra de posições", nos termos de Gramsci. De fato, trata-se de consolidar o movimento, mudar de formas, adensar posições, diferenciá-las, proceder à centralização do movimento criando centrais, ligá-las mais explicitamente às diferentes forças políticas que também se clarificam. Trava-se uma guerra de desgaste contra um sistema historicamente antissindical. Esta corresponde à queda da ditadura e à abertura da Nova República, à presidência de José Sarney, à convocação da Constituinte e à promulgação da Constituição de 1988. O movimento sindical não é mais um substituto dos partidos na luta contra a ditadura. É a quebra do monolitismo oposicionista. São criadas a Central Única de Trabalhadores (CUT) e a Confederação Geral de Trabalhadores (CGT) como orientações sindical-políticas hegemô-

---

voltou ao ministério com Ernesto Geisel na presidência, em 1976-1978; e foi outra vez ministro da Fazenda na presidência de João Figueiredo, 1980-1984. Ocupou o Ministério da Fazenda, com interrupções, durante dez anos – isso mostra a continuidade da política econômica da ditadura.

nicas e opostas, reconhecidas pelo governo Sarney ao arrepio da própria legislação que continuava as interditando. Nesse período, explicita-se a centralidade da relação entre a CUT e as esquerdas, mais particularmente a CUT e o Partido dos Trabalhadores, e o número de greves cresce exponencialmente. Menos que representar expansão do movimento sindical, é a conjuntura de hiperinflação num quadro de descompressão política que multiplica os episódios grevistas. O governo Sarney acaba, melancolicamente, com mais de 80% de inflação ao mês, assinalando um intenso desgaste da redemocratização que havia se iniciado sob os auspícios de uma luta contra o "modelo econômico" da ditadura e se encerra sob o signo da incompetência e da corrupção.

Da guerra de posições ao "assalto aos céus": prolegômenos da contra-hegemonia

A *summa* da conjuntura com a ascensão, desde a ditadura, do movimento civil de sindicatos, de organizações populares e de organizações civis – tais como a Associação Brasileira de Imprensa, a Ordem dos Advogados do Brasil, a Sociedade Brasileira para o Progresso da Ciência e a ala da Teologia da Libertação da Igreja Católica –, ao lado dos novos partidos que traduziam melhor a nova complexidade da sociedade e da economia, deságua, por sua amplitude, no confronto mais radical da história brasileira entre dominantes e dominados[9]. A eleição presidencial de 1989 coloca em

---

[9] Dizemos "por sua amplitude" porque a votação de Luiz Inácio Lula da Silva foi verdadeiramente nacional, com proporção expressiva de votos em todas as regiões. Alguns poucos estados, como o Paraná, lhe deram poucos votos, e certamente São Paulo, o maior colégio eleitoral do Brasil, o derrotou. Em termos de radicalidade, outros movimentos políticos da classe trabalhadora e parte das classes médias foram mais importantes, como a Aliança Nacional Libertadora, na década de 1930, cujo desenlace se deu na revolta de 1935, episódio conhecido na historiografia oficialista como Intentona Comunista. Essa revolta se circunscreveu a poucos quartéis do Exército no Rio de Janeiro, então capital federal, no Recife, capital do estado de Pernambuco e principal cidade do Nordeste brasileiro, e em Natal, capital do estado do Rio Grande do Norte, nitidamente periférica.

campos opostos uma ampla formação de centro-esquerda, capitaneada por Luiz Inácio Lula da Silva à frente de uma quase homogênea coalizão de partidos, liderada pelo PT e congregando todas as siglas de esquerda, cujas bases sociais eram muito heterogêneas; de outro lado, um *outsider* das classes dominantes, conduzindo, messianicamente, toda a direita, Fernando Collor de Melo, o bufão da ópera da "falsificação da ira"[10] popular. As forças burguesas convergiram maciçamente para ele, depois de ver seus candidatos originais rejeitados no primeiro turno das eleições. Todas as matrizes do meio se esfumaram em meio a essa tormenta, que exigia definições: o velho guerreiro Ulysses Guimarães, timoneiro da odisseia da travessia do *mare nostrum* da ditadura, naufraga, já que, em vez da doce canção das sereias, o ronco surdo das ruas não permitia tergiversações. Outros nomes menores, e alguns menos dignos e até indignos, conhecem o mesmo destino. O tempo era de decisões e, como diria o "corvo" Lacerda[11], não era para pessedistas e seus refinados maneirismos.

---

[10] Em *Collor, a falsificação da ira* (Rio de Janeiro, Imago 1992), interpretei a presidência de Fernando Collor de Mello – de 1990 a 1992 –, primeiro governo eleito diretamente desde 1964, como falsificação da ira popular, elevada à enésima potência pela altíssima inflação e por escândalos do governo José Sarney, primeiro presidente pós-ditadura, eleito por um colégio eleitoral. Na verdade, ele era vice de Tancredo Neves, então governador pela oposição do poderoso estado de Minas Gerais, que morreu antes de tomar posse. A própria assunção de José Sarney foi nitidamente inconstitucional, mas o medo da reação dos militares ainda era bastante forte, e o veto a uma nova eleição ou à posse de Ulysses Guimarães, presidente da Câmara dos Deputados e sucessor constitucional, levou o "maneirismo" da política brasileira a adotar um caminho cauteloso e realista.

[11] A expressão do cronista pernambucano-carioca Antônio Maria nos idos dos 1950, no Rio de Janeiro, então capital da República, designava o caráter sombrio e agoureiro de Carlos Lacerda, talvez o maior líder político da direita brasileira no século XX, que esteve à frente de algumas tentativas de golpe de Estado entre 1950 e 1970. Ele havia sido, na juventude, um fogoso membro do Partido Comunista do Brasil. Em suas diatribes, depreciava os políticos do Partido Social-Democrático do estado de Minas Gerais, no regime de 1945-1964, conhecidos pelo estilo não confrontacionista, as célebres "raposas" do PSD. O outro importante líder da direita brasileira foi Plínio Salgado, fundador do movimento chamado "integralista", espécie de arremedo periférico do fascismo italiano. Salgado foi mais influente do ponto de vista ideológico e, nos anos 1930, parte da intelectualidade brasileira transitou nas

O novo governo desencadeou uma maciça e pertinaz campanha de desqualificação dos sindicatos tradicionalmente opositores, aglutinados na CUT, enquanto, pela primeira vez desde o regime político pré-1964, chamava outra vez lideranças "pelegas"[12] para postos no mais alto escalão governamental.

A quebra do protecionismo comercial, que tornava o mercado interno brasileiro "cativo" das empresas aqui instaladas, foi o *coup de foudre* do incipiente pacto "fordista periférico"[13] e talvez o mais eficaz meio de anular a influência do sindicalismo sobre a política econômica. O tiro, entretanto, saiu pela culatra: enquanto se beneficiava do aumento da produtividade do trabalho pela implantação de indústrias "fordistas", o sindicalismo conseguiu forjar o arremedo de pacto com as grandes empresas, e estas, em operação já descrita, utilizavam tais ganhos para estabelecer a paz com seus trabalhadores, mediante ampla concessão de toda classe de salário indireto. Apesar das aparências, ao contrário de algumas interpretações da sociologia do trabalho brasileira[14], o ponto de vista aqui explicitado

---

fileiras integralistas. Tratava-se, bem ao estilo da época, de uma doutrina corporativa, fundada brasileiramente no patriarcalismo e nos valores do catolicismo popular.

[12] O termo é do jargão político brasileiro e designa sindicalistas que se alinham automaticamente aos governos. É uma metáfora do couro que fica entre a sela e o cavalo para "amaciar" o atrito e é, portanto, de origem gaúcha – Rio Grande do Sul, estado onde nasceu o Partido Trabalhista Brasileiro de Getulio Vargas. Antonio Magri, líder dos eletricitários de São Paulo, foi ministro do Trabalho de Fernando Collor, que, a esse respeito, excedeu até mesmo o regime populista pré-1964, que nunca chegou a nomear liderança sindical para nenhum ministério. Em alguns países latino-americanos de fala espanhola, os termos correspondentes são *charro* e *charrismo*.

[13] Alain Lipietz, *Miragens e milagres: problemas da industrialização no Terceiro Mundo* (São Paulo, Nobel, 1988), cunhou essa expressão para designar o simulacro de regulação em países como o Brasil, no rastro da instalação das montadoras de automóveis.

[14] Especialmente Ricardo Antunes, *O novo sindicalismo* (São Paulo, Brasil Urgente, 1991), e Armando Boito Júnior, "De volta para o novo corporativismo: a trajetória política do sindicalismo brasileiro", *São Paulo em Perspectiva-Seade*, São Paulo, n. 3, jul.-set. 1994, interpretam a primeira fase "fordista", com as grandes mobilizações, como fase propriamente "de sindicalismo de classe", confrontacionista, em vez da nova fase, segundo eles, decididamente "reformista" e de negociação. Embora qualquer esforço classificatório seja insuficiente, há coincidência entre nós, que interpretamos o

é o de que o sindicalismo oposicionista referendava o pacto "fordista" e não desafiava o capitalismo, embora tivesse sido um poderoso fator na desarticulação do regime político da ditadura. Em outras palavras, o sindicalismo oposicionista concorria positivamente para a hegemonia do regime "fordista" de acumulação e de sociabilidade. A melhoria do salário real dos trabalhadores metalúrgicos daí decorrente os inscrevia na nova "norma de consumo", para usar um conceito dos regulacionistas. Deve-se reenfatizar, para marcar o caráter extremamente contraditório desse processo, que o sindicalismo "fordista" esteve na raiz da criação do PT, a grande novidade da política brasileira desde o surgimento do Partido Comunista, em 1922, e que uma sociabilidade "fordista", de confronto/negociação/contratação era também uma enorme novidade na tradição da política e das relações de trabalho no Brasil. Por isso, esse sindicalismo nitidamente se encaminhava para um modelo social-democrata de relações e de contratos, mas a sociabilidade elaborada por esses acordos era uma variante "americanista", também no sentido gramsciano[15]. O Lula da época, já cortejado, costumava dizer que aos operários interessavam salários, não política.

Foi na conjuntura de desaceleração e crise desse "pacto" – sem macroacordos explícitos, que se buscou institucionalizar quando já se esboroava, caricaturando Moncloa – que se forjou a primeira tentativa pós-República Velha de hegemonia burguesa no Brasil, entendida no

---

período de contestação à ditadura como "guerra de movimentos" e o que se seguiu à Constituição de 1988 como "guerra de posições". É claro que, de um ponto de vista gramsciano, isso pode parecer contraditório, mas se impõe o aviso de que os conceitos de Gramsci são aplicados aqui num sentido amplo de contestação à ditadura militar, não no sentido estrito de preparação revolucionária. Ver, para tanto, Antonio Gramsci *Cadernos do cárcere*, v. 3 (ed. Carlos Nelson Coutinho, Marco Aurélio Nogueira e Luiz Sérgio Henriques, Rio de janeiro, Civilização Brasileira, 2000), e *Cadernos do cárcere*, v. 4 (ed. Carlos Nelson Coutinho, Marco Aurélio Nogueira e Luiz Sérgio Henriques, Rio de Janeiro, Civilização Brasileira, 2001).

[15] No sentido de Gramsci; o "pequeno grande sardo" antecipou, de forma extraordinária, o sentido hegemônico do "fordismo", que carregava, na linha de montagem do automóvel e do cinema, a materialidade das novas formas culturais. Por isso, o século é americano. Ver idem, *Cadernos do cárcere*, v. 4, cit.

sentido da produção de um amplo consenso, que é sempre o "consenso dos inocentes"[16], produzindo o senso comum, cuja âncora naquela conjuntura era o combate à inflação. Sua expressão política falhada foi o governo Collor de Melo, que se metamorfoseou na ampla coalizão conservadora, e vencedora, do governo Fernando Henrique Cardoso[17]. Emergia, de uma longa maturação, um senso comum de aceitação dos valores do capitalismo, a cultura do êxito, uma nova identificação com o mercado, com o abandono de outras referências. As novas condições da globalização projetavam sua sombra ideológica sobre os conflitos da sociedade brasileira.

"Assalto aos céus": a câmara do setor automotivo

Nessa conjuntura adversa, o sindicato de metalúrgicos de São Bernardo do Campo e Diadema, municípios-sedes das grandes montadoras automotivas – vizinhas do município de São Caetano, onde se localiza a primeira planta da General Motors –, ousou uma cartada que remou contra a maré. No impasse da desregulamentação do protecionismo promovida por Collor de Melo e da ausência de uma nova política tanto para o setor industrial quanto para o ramo automotivo, com a demanda e a produção de automóveis recuando aos níveis de 1980 (1 milhão de unidades em 1992), o sindicato dos trabalhadores, a Associação Nacional dos Fabricantes de Veículos Automotores (Anfavea) e o Sindicato dos Fabricantes de Autopeças (Sindipeças) propuseram um acordo que ficou conhecido como a Câmara Setorial do Setor Automotivo. Contando com o encaminhamento do Ministério do Trabalho, exceção à feroz política

---

[16] Empréstimo tomado ao título do livro de Thomas Harris e do sombrio filme protagonizado por Anthony Hopkins, *O silêncio dos inocentes* (1991).

[17] Trabalhei a questão da dificuldade da hegemonia burguesa no Brasil desde a crise da República Velha, com a Revolução de 1930, em "Entre a terra e o céu: mensurando a utopia?", *Democracia Viva*, Ibase, Rio de Janeiro, n. 6, ago. 1999, e "Privatização do público, destituição da fala e anulação da política: o totalitarismo neoliberal", em Francisco de Oliveira e Maria Célia Paoli (orgs.), *Os sentidos da democracia* (Petrópolis, Vozes, 1999), col. Zero à Esquerda.

antissindical do governo de Collor de Melo, o acordo previa a renúncia fiscal do Imposto sobre Circulação de Mercadorias e Serviços (ICMS) por parte dos estados produtores de automóveis e peças, a isenção do Imposto sobre Produtos Industrializados (IPI) federal, para forçar a baixa de preços e, da parte de trabalhadores e empresários/empresas, a contenção das dispensas e uma trégua nas greves. Um acordo nitidamente keynesiano. O resultado surpreendeu: com os preços em queda relativa, pois numa inflação que já havia retornado a patamares de 40% ao mês os preços da indústria automobilística cresceram bem abaixo desse nível, a produção recuperou o crescimento no ritmo alucinante de 20% anuais, logo superando as metas estabelecidas, alcançando 1,8 milhão de veículos em 1996. O mecanismo é bem conhecido na literatura: como a soma dos impostos sobre circulação de mercadorias e sobre produtos industrializados alcançava a casa dos 34% sobre o preço dos automóveis, abriu-se um mercado correspondente a essa percentagem, devido à alta elasticidade-renda do consumo de automóveis; isto é, a renda disponível para consumir automóveis se ampliou no mínimo em 34%. Não houve sangria fiscal, pois, se de um lado os impostos derivados do ramo automotivo caíam pelas renúncias fiscais, de outro aumentavam em volume pela progressão da produção e das vendas. Conteve-se também a dispensa de trabalhadores, sem embargo de não terem sido criados novos empregos. A "virtuosidade" do acordo ganhou impulso quando o presidente Itamar Franco, que substituiu Collor de Melo após seu *impeachment*, em 1992, aumentou a renúncia fiscal para o chamado "carro popular" (categoria com modelos que atingiam até mil cilindradas). A literatura mencionada dá conta do interessante processo que se desenrolou. Em resumo, trabalhadores e empresários do ramo automotivo e de autopeças nomearam representantes que, com membros do Ministério do Trabalho e dos estados mais importantes na produção de automóveis, caminhões e tratores, se reuniam periódica e publicamente para tratar de uma vasta agenda de negociações, incluindo os novos investimentos, a reestruturação produtiva das fábricas, o possível desemprego a ser causado, a compensação com a criação de novos empregos, os problemas atinentes à exportação e à importação de automóveis e peças, as questões fiscais, o controle de preços etc. Esse processo se desenvolveu de 1991 a 1995, entre o segundo ano do governo Collor de Mello e o primeiro ano do governo Fernando Henrique Cardoso. Os críticos mais ferozes do acordo, à direita e à esquerda – para os primeiros, um escancarado acordo corporativista; para os últimos, uma típica capitulação para gerenciar a crise do capitalismo –, ficaram calados[18].

A iniciativa foi considerada radicalmente inovadora, em múltipla perspectiva. Em primeiro lugar, invertia o andamento da desregulamentação em curso – na verdade, a desmontava. De controle de preços impostos por "pacotes" fechados, de surpresa, sem discussão democrática, a pretexto de surpreender os agentes econômicos e estancar a inflação a golpes de *ippon*[19], a acordos previamente anunciados em ramo importantíssimo – 5% do PIB industrial brasileiro –, implantava-se um acordo claro, transparente, firmado publicamente, em que meios e fins se reforçavam, com mecanismos de cobrança pelos agentes, pelo Estado e pela sociedade. A invenção democrática da iniciativa residia precisamente nisso, ao mesmo tempo que o que parecia quimera mannheimiana, o planejamento

---

[18] Há uma literatura, não numerosa, que registrou a experiência e analisou suas premissas, seus resultados econômicos e suas implicações políticas. Ver Francisco de Oliveira et al, "O acordo das montadoras: quanto melhor, melhor", *Novos Estudos Cebrap*, n. 36, jul. 1993; "Apocalipse now: o coração das trevas do neoliberalismo", em Francisco de Oliveira e Alvaro Comin (orgs.), *Os cavaleiros do antiapocalipse* (São Paulo, Entrelinhas/Cebrap); Adalberto Cardoso e Alvaro Comin, "Câmaras setoriais, modernização produtiva e democratização nas relações de trabalho no Brasil: a experiência do setor automobilístico", em Nadya Castro (org.), *A máquina e o equilibrista: inovações na indústria automobilística brasileira* (Rio de Janeiro, Paz e Terra, 1995); Glauco Arbix, *Uma aposta no futuro: os primeiros anos da câmara setorial da indústria automobilística* (São Paulo, Scritta, 1996); Ivan Guimarães, "A experiência das câmaras setoriais", em Oliveira et al., *O mundo do trabalho: crise e mudança no final do século* (São Paulo, Scritta, 1994); Leonardo Mello e Silva, *A generalização difícil* (São Paulo, Annablume/Fapesp, 1999); e Francisco de Oliveira e Alvaro Comin (orgs.), *Os cavaleiros do antiapocalipse*, cit.

[19] Collor de Mello prometeu derrubar a inflação herdada de José Sarney – 80% ao mês no fim de 1989 – de um só golpe; golpe que ele, praticante de lutas marciais japonesas, chamou de *ippon* na inflação.

democrático[20], ganhava concretude, conduzido por agentes de remota periferia. A ampliação da experiência para outros setores da atividade econômica poderia ter significado uma inovação na política econômica talvez sem paralelo mesmo nos melhores dias do *welfare* da Europa ocidental: se preços não são mais que a forma do conflito pela distribuição do excedente, então o controle democrático dos preços pode ser muito mais eficaz e duradouro que as tradicionais medidas monetárias fiscais e cambiais. No entanto, renunciar à soberania da moeda é renunciar a sua violência intrínseca, a violência imperativa da desigualdade e da exploração[21]. É preciso reconhecer que, ao acordo, faltava ainda a presença de outros setores da sociedade, na forma de organização de consumidores, por exemplo, de representantes do Ministério Público e até mesmo dos partidos. Por isso, os críticos de direita lhe atribuíram um caráter corporativo; é provável que o passo seguinte do acordo fosse na direção de incluir outros setores da sociedade, mas sua interrupção não deu tempo para esse amadurecimento.

A experiência deixou inspiração e fincou raízes: houve tentativas de copiá-la em outros setores industriais, como o químico, também em São Paulo, o da construção civil e o da indústria naval, no estado do Rio de Janeiro. Tais tentativas não avançaram muito, mas a do setor químico, entre o sindicato dos químicos de São Paulo e algumas das grandes indústrias químicas do estado, embora fracassada, como relatou e interpretou Leonardo e Silva[22], abriu investigações no setor de fármacos que repercutiram num novo controle, por parte da Vigilância Sanitária do Ministério da Saúde, dos medicamentos fabricados no país.

Câmaras regionais, para a articulação de interesses espaciais, estão sendo implementadas, por exemplo, em Santo André, um dos municípios do ABC paulista, numa tentativa de deter a desindustrialização; até

---

[20] Karl Manhein, *Liberdade e planificação* (Porto Alegre, Editora do Globo, 1955).
[21] Ver o insubstituível texto de Michel Aglietta e André Orléans, *La violence de la Monaie* (Paris, PUF, 1983).
[22] Ver Leonardo Mello e Silva, *A generalização difícil*, cit.

mesmo as várias experiências dos orçamentos participativos recuperam, de alguma maneira, a memória democratizante da câmara setorial.

O risco da experiência para a democracia burguesa e, além disso, para o clássico autoritarismo brasileiro, com sua modernização "pelo alto", consistia na criação de uma espécie de cogestão dos trabalhadores na formulação e na condução de políticas setoriais. A possibilidade de veto sobre medidas desviantes dos acordos específicos era efetiva. Isso foi percebido imediatamente, e a gestão de Fernando Henrique Cardoso, já no Ministério da Fazenda do presidente Itamar Franco, sufocou-o, negando-se a prorrogar os incentivos fiscais necessários, sob o pretexto de uma nova e rigorosa política fiscal, que, a rigor, inexiste até mesmo no papel. A presidência de FHC, que se iniciou em 1995, seguiu à risca o objetivo de desmobilizar a experiência – e nisso foi exitosa. É evidente que o mecanismo da renúncia fiscal que viabilizou de imediato a retomada da demanda por automóveis não poderia prosseguir indefinidamente, mas a estratégia neoliberal não estava preocupada com isso; sua preocupação dizia respeito à intervenção organizada de uma grande categoria de trabalhadores na política econômica.

Uma nova conjuntura internacional mudou a estratégia das empresas automobilísticas[23]. Rompeu-se o quase cartel automobilístico brasileiro formado pelas quatro grandes: Ford, General Motors, Fiat e Volkswagen. Como prometido por FHC, e em efetivo cumprimento, levou à renovação de planos com avanço tecnológico e à eliminação do projeto do "carro popular", e, no caso, a cogestão com os sindicatos de trabalhadores se revelou incompatível com a pesada reestruturação produtiva em marcha. As novas fábricas passaram a incluir todas as grandes montadoras internacionais: o Brasil, na contramão das tendências mundiais, formou um parque produtivo automobilístico claramente superdimensionado, com a presença de pelo menos quinze montadoras de porte; a capacidade

---

[23] Ver Alexandre Comin, "Políticas setoriais e estratégias empresariais no setor automobilístico brasileiro", e Rui Quadros de Carvalho e Sérgio R. R. de Queiroz, "Mudança estrutural e globalização na indústria automobilística brasileira nos anos 1990", em Francisco de Oliveira e Alvaro Comin (orgs.), *Os cavaleiros do antiapocalipse*, cit.

ociosa é sustentada graças aos abundantes incentivos fiscais, creditícios e de investimentos da União e dos estados. As novas montadoras e as novas fábricas estão fora do clássico eixo do ABC paulista, e mesmo das proximidades da Fiat em Minas, numa clara política de *greenfields*, para evitar a "contaminação" com a experiência dos trabalhadores do ABC paulista. A Ford transferiu sua mais nova fábrica, que seria instalada no Rio Grande do Sul, para a Bahia, governada pelo Partido da Frente Liberal. O objetivo da transferência foi claro: como a globalização flexibiliza, em grau extremo, a localização das plantas industriais, a empresa perdeu muito pouco ao ir para a Bahia, longe dos principais mercados consumidores internos e do Mercosul. Em compensação, ganhou vantagens financeiras que o Rio Grande do Sul não estava disposto a propiciar[24] e, mais, conquistou a chamada "vantagem cultural", formada por um meio ambiente social e político predominantemente patrimonialista--patriarcalista, hostil ao sindicalismo, com a manipulação do regionalismo baiano/nordestino contra o Sul "malvado e explorador", forte elemento ocultador do conflito. É *O dragão da maldade contra o santo guerreiro*, título do belíssimo filme do cineasta baiano Glauber Rocha. Fica evidente que o móvel da localização de grandes grupos internacionais no Brasil e em outros países periféricos, e, nestes, entre suas unidades federativas ou departamentais, é fundamentalmente de natureza financeira; é esta

---

[24] Para a instalação da General Motors em Gravataí, o governo do Rio Grande do Sul já havia emprestado 253 milhões de reais, quantia equivalente, no câmbio supervalorizado da época, a 220 milhões de dólares, 75,6% sobre o investimento total da empresa, de 335 milhões de reais. Prazo de pagamento: dez anos com carência de cinco, sem correção monetária, o que implicou, logo nos dois primeiros anos do acordo, uma perda de 49 milhões de reais para o Rio Grande do Sul. O dinheiro do empréstimo foi entregue à GM de uma só vez, ainda que o cronograma de implantação da fábrica durasse três anos. O empréstimo do governo do Rio Grande do Sul à GM significou, em 1997, 6% da arrecadação fiscal do governo gaúcho. No caso da Ford, o novo governo do Rio Grande do Sul se recusou a doar as mesmas quantias de acordo feito com a GM, devido à enorme incidência sobre a receita, a que a Ford respondeu se transferindo para a Bahia, com a escancarada ajuda do governo federal, adversário político do PT, principal partido da base de apoio do governo gaúcho. A Ford conseguiu algo como 700 milhões de reais para localizar sua nova unidade no terreno baiano.

que viabiliza as plantas produtivas, decide as localizações e determina as taxas de lucro globais. A equação capital constante/capital variável do capitalismo de base industrial não é eliminada. A taxa de salários continua importante, como o próprio caso relatado demonstra, mas está subordinada aos ganhos financeiros propiciados pelo "leilão invertido". A taxa de lucro global passou a ser composta em dois níveis: no primeiro, pela equação capital constante/capital variável; no segundo, pelo lucro financeiro determinado pelo mercado global de capitais. É uma espécie de sobredeterminação financeira do lucro industrial, numa linguagem que lembra Althusser. São os países hospedeiros que financiam sua escolha – e o fazem recorrendo a empréstimos internacionais. A autodegola se transforma no mecanismo da dependência financeira e da perda da autonomia monetária. A privatização das empresas estatais é guiada pela mesma lógica. Cálculos de Aloysio Biondi, prestigiado jornalista econômico, já falecido, com base nas fontes da instituição governamental encarregada das privatizações – Banco Nacional de Desenvolvimento Econômico e Social e em relatórios dos consultores encarregados da "modelização" das privatizações –, apontam que, enquanto o governo brasileiro anunciava, até 1998, uma entrada de 85 bilhões de reais por conceito de venda das estatais, o próprio Estado renunciou a receitas, subsidiou compras, pagou por indenizações trabalhistas, deu créditos do BNDES, investiu para "sanear" as empresas num montante subavaliado de 87 bilhões de reais[25]. Isso correspondia, em preços correntes de 1998, a 15% do PIB brasileiro, o que confirma a sobredeterminação financeira da globalização e a autoimolação dos países dependentes, como o Brasil. Ainda assim, o efeito de privatizações, fusões, aquisições de empresas nacionais sobre o PIB permanece subavaliado, pois não se dispõe de dados que indiquem o valor agregado das empresas privatizadas, adquiridas ou fusionadas.

---

[25] Ver Aloysio Biondi, *O Brasil privatizado* (São Paulo, Fundação Perseu Abramo, 1999). O trabalho de Biondi permanece a única crítica consistente do programa de privatizações do Estado brasileiro; as outras fontes, citadas por ele, constituem avaliações governamentais, ricas nos dados utilizados pelo saudoso jornalista, mas enviesadas, pois lhes falta a perspectiva de uma avaliação quantitativa mais rigorosa, além da total ausência dos efeitos sociais e políticos das privatizações.

Minhas estimativas situam a transferência de controle da propriedade pelos processos descritos entre 20% e 30% do PIB.

O deslizamento totalitário neoliberal e a reinvenção democrática

Como Perry Anderson assinalou, o neoliberalismo é uma ampla e profunda vitória ideológica conservadora e um desastre econômico[26], dado que suas promessas de, afastado o obstáculo do Estado de bem-estar, voltar-se a duradouras, persistentes, estáveis e elevadas taxas de crescimento não chegou a se cumprir nos trinta anos decorridos desde a primeira vitória de Margaret Thatcher. Inegavelmente, a vitória conservadora e a desregulamentação produzida, faces da mesma moeda, estão criando uma nova sociabilidade, que, por mais paradoxal que isso seja, se ancora na desregulamentação: a permanente instabilidade resolve-se, sociologicamente, numa dupla contradição. Uma desesperada fuga para a vida privada, cuja mais forte consequência é o medo do outro, e uma ânsia de segurança, cujo resultado é a formação do "consenso dos inocentes", do *silêncio dos inocentes*. Grades, muros eletrificados, guaritas em ligação direta com a polícia, *pitbulls* e *rottweilers*, controles eletrônicos sofisticados, "sorria, você está sendo filmado", câmeras indiscretas no interior dos elevadores, sinistras polícias privadas de segurança[27], *photocharts* nas portarias, até a arcaica forma dos muros ameaçadoramente eriçados de cacos de garrafa, de alto a baixo na escala social, dos guetos dos ricos, passando pelos condomínios da classe média, até as moradias pobres – em todos esses lugares, o Outro é a ameaça. Os programas políticos, da esquerda à direita, prometem segurança como item mais importante da cesta de consumo dos *lambs*. É isso o que responde pela possibilidade da ofensiva neoliberal

---

[26] Ver Perry Anderson, "Balanço do neoliberalismo", em Emir Sader e Pablo Gentili (orgs.), *O pós-neoliberalismo: as políticas sociais e o Estado democrático* (Rio de Janeiro, Paz e Terra, 1995).

[27] Os efetivos das polícias privadas no estado de São Paulo superam os da Polícia Militar e da Polícia Civil, numa escala de 1 para 1,5. Os efetivos das Forças Armadas Brasileiras, espalhadas por todo o território nacional, são ainda mais irrelevantes.

que apela à privatização da vida – e torna os valores do mercado seu sinônimo –, pelo amplo consenso em torno da estabilidade monetária no Brasil como signo da segurança e pelos bodes expiatórios que, conspirando contra a estabilidade e o refluxo à vida privada, produzem instabilidade e violência. A privatização da vida é a eliminação da política no sentido da pólis grega. O movimento sindical da CUT e o PT, que trabalham em íntima relação, como no modelo social-democrata clássico, são percebidos pelo "consenso dos inocentes" como a encarnação do mal; além, evidentemente, do Movimento dos Trabalhadores Rurais Sem-Terra, provavelmente a mais notável "invenção" democrática dos dominados na sociedade brasileira em todos os tempos[28].

No Brasil, a vitória conservadora neoliberal seguiu além dos limites da hegemonia, que Fernando Henrique Cardoso talvez tenha personificado nos primeiros anos de seu primeiro mandato presidencial. As exigências impostas pela globalização em combinação com as formas clássicas da

---

[28] Pesquisa levada a cabo pela *Folha de S.Paulo* constatou a preferência da maioria do eleitorado por personalidades da direita, fortes e autoritárias, que, para os entrevistados, traduzem seus anseios de segurança. Prometem o uso de meios e medidas violentos, até a pena de morte, que não existe no Brasil, a volta à estabilidade social, verbalizam ojeriza ao PT e aos sindicatos, debocham dos direitos humanos e desconfiam radicalmente da convivência com negros, mulheres, nordestinos, homossexuais e pobres. Outra pesquisa, a cargo do autor e de sua equipe, constatou, em entrevistas em condomínios de classe média e também nas faixas mais pobres da sociedade, na periferia de São Paulo, que os *clichês* do *estrangeiro* estão presentes e orientam as medidas de segurança. A pergunta, à moda dos frankfurtianos que investigaram os Estados Unidos, é por que não se dá um fascismo institucionalizado na política; a resposta é, provavelmente, que um tipo como Maluf, líder da extrema direita em São Paulo, não pode ser fascista porque seu eleitorado básico é, sobretudo, formado pelos pobres da periferia de São Paulo. Eles não podem ser o "bode expiatório" que o fascismo sempre construiu. Mas, assim como o fascismo, o arquétipo elaborado pela direita brasileira, representada por Paulo Maluf, mas que se estende majoritariamente pelas camadas sociais mais abastadas, não existe – e é irrelevante que exista: os presos que lotam as penitenciárias de São Paulo são na maioria paulistas mesmo, e não nordestinos, já foram trabalhadores do setor formal, não eram desempregados, têm escolaridade acima do ensino fundamental e não são, pois, analfabetos. Reproduz--se um quadro caracterizado pela pesquisa sobre a personalidade autoritária. Ver Theodor Adorno, *La personalidad autoritaria* (Buenos Aires, Proyección, 1965).

dominação brasileira resultaram numa perigosa tendência que denominei de "totalitarismo neoliberal"[29]. Algo dessa tendência estrutura movimentos de caráter mundial, como Boaventura de Sousa Santos explora em seu texto sobre fascismo societal[30]. A expressão política dessa tendência tem levado, em alguns países da América Latina, a estranhas formas de "monarquias", com a trieleição de Alberto Fujimori no Peru, a reeleição de Carlos Saúl Menem na Argentina, a própria reeleição de Fernando Henrique Cardoso no Brasil, contra uma antiquíssima tradição de não reeleição, desde as independências e, no Brasil, desde a criação da República[31]. O que sustenta essa expressão política é uma espécie de aceleração da aceleração[32], que pode ser brevemente descrita como o destampar da caixa de Pandora imposta pela inserção na economia globalizada. Houve importantíssimos deslocamentos na estrutura de poder real das burguesias: privatizações no período de 1994 a 1999, algo entre 20% e 30% do PIB brasileiro mudou de mãos, incluindo-se entre os novos "donos do poder"[33] poderosíssimos oligopólios internacionais. O Estado voltou-

---

[29] Ver Francisco de Oliveira, "Privatização do público, destituição da fala e anulação da política", cit.

[30] Boaventura de Sousa Santos, "Pré-contratualismo e pós-contratualismo", em Francisco de Oliveira e Maria Célia Paoli (orgs.), *Os sentidos da democracia*, cit.

[31] No Brasil, tal tradição remonta apenas à República, proclamada em 1889, visto que, depois da independência, o sistema político brasileiro foi, insolitamente na América Latina, uma monarquia constitucional-hereditária. Na Colômbia, vigorou, do *bogotazo* na década de 1940 até os anos 1980, o acordo liberal-conservador, que estabelecia obrigatoriamente o rodízio da presidência da República entre os dois partidos. Tal arranjo colombiano não pertence, sociológica e politicamente, às "monarquias" republicanas de hoje nos países citados. O México é um caso de partido único, até a eleição de Vicente Fox, do Partido da Ação Nacional, quebrando a "monarquia" do Partido Revolucionário Institucional (PRI), desde o presidente Calles na década de 1930.

[32] Ver Laymert Garcia dos Santos, "Tecnologia, perda do humano e crise do sujeito de direito", em Francisco de Oliveira e Maria Célia Paoli (orgs.), *Os sentidos da democracia*, cit.

[33] Utilizo-me do título da obra magistral de Raymundo Faoro, *Os donos do poder* (São Paulo, Biblioteca Azul, 2005). A obra de Faoro é um clássico que estuda a permanência das formas patrimonialistas na formação da sociedade brasileira, com indistinção entre público e privado. O trabalho de Biondi, *O Brasil privatizado*, já

-se à tarefa de acelerar a transição, recebendo como troco a perda quase total do controle sobre a violência privada, o rompimento *in extremis* do monopólio legal da violência. É evidente que um Estado que destina mais de 30% de suas receitas ao pagamento dos serviços de dívidas externas e internas não tem mais capacidade de atuar politicamente para controlar a violência que advém da projeção do conflito intra e interburguês sobre uma sociedade que, historicamente, vive uma desigualdade abissal[34].

Mas seria demasiado economicismo – aliás, argumentado pelo próprio governo na forma de determinações que não deixam lugar a alternativas – supor ou, na verdade, conceder que as tendências internacionais globais se impõem automaticamente, sem política, sem escolhas internas, por classes e grupos políticos dominantes. A respeito disso, pode-se dizer que o ato inaugural do governo Fernando Henrique Cardoso foi o esmagamento da greve dos petroleiros em 1995, uma espécie de *tournant* thatcherista que, num só golpe, o afiançou de vez junto às grandes burguesias e à "comunidade de negócios" internacional, encurralando o movimento sindical oposicionista, que sofreu uma profunda derrota política. Não tão paradoxalmente, a derrota da CUT

---

referido, contém uma minuciosa enumeração dos novos proprietários das antigas estatais, empresa por empresa, impossível de ser reproduzida aqui.

[34] Uma dissertação de mestrado na faculdade de filosofia da USP, em 1998, de Maria Inês Caetano Ferreira, talvez seja uma das melhores decifrações da tragédia. Buscando entender o fundo social dos homicídios em Santo Amaro, distrito da capital de São Paulo, na famosa zona sul, cujo empobrecimento é notável, Inês flagrou a tragédia. O esforço de escapar da incerteza de um mercado de trabalho, que já não acolhe ninguém, leva à tentativa de restaurar os antigos laços comunitários, de parentesco, como substitutos do emprego que não existe ou da intensa precarização, que Vera da Silva Telles, orientadora de Inês, chamou de "ocupação ao azar". O resultado é que os laços de parentesco não resistem à mercantilização da vida, que ocorre implacavelmente sem a mercantilização das relações de trabalho. O uso do que se chamou de "estratégias de sobrevivência" resulta numa criminalidade espantosa, expressão, nas camadas mais pobres dos dominados, da violência entre os de cima. Trata-se, no caso, nos estratos mais pobres, da ausência total de relações formais. O informal é isso. Ver Maria Inês Caetano Ferreira *Homicídios em Santo Amaro* (dissertação de mestrado, FFLCH-USP, São Paulo, 1998), e Vera da Silva Telles, *Incivilidade e pobreza* (tese de doutorado, FFLCH-USP, São Paulo, 1992).

– pois era disso que se tratava – foi o que, por fim, destampou a caixa de Pandora: as burguesias perceberam que o governo havia liquidado o elemento capaz de conter a desregulamentação em seus traços mais selvagens, e daí por diante foi o governo que perdeu o controle sobre a feroz luta competitiva entre as grandes empresas pelo controle dos grandes mercados privatizados pela desestatização[35].

Assim, produz-se, de alto a baixo, uma espécie de ausência de forma, caracterizada pela absoluta incapacidade de previsão, de que a edição das medidas provisórias pelo Executivo presidencial não é apenas reflexo da tendência mundial de reforço do poder Executivo, mas uma implacável imposição da caixa de Pandora na periferia. No governo de Fernando Henrique Cardoso, reeditavam-se medidas provisórias para corrigir algo que se havia estabelecido na semana anterior. No que diz respeito a preços e variáveis macroeconômicas fundamentais, o vaivém denuncia a absoluta incapacidade de prever sua repercussão na cadeia produtiva e de serviços. As previsões podem variar na proporção de um a dez em poucos meses, o que detona a capacidade de manter políticas econômicas consequentes, mesmo em sua insanidade. No ano 2000, o governo brasileiro abriu o calendário com a perspectiva de um *superavit* da balança comercial de 11 bilhões de dólares, mas acabou revendo-a a meio caminho para a modestíssima soma de 1 bilhão de dólares. E o fim da odisseia foi pior: com a disparada dos preços do petróleo, a previsão de excedente de 11 bilhões de dólares terminou, melancolicamente, em um saldo negativo de 500 milhões de dólares. É a exceção permanente. Depois, o país submergiu na mais espantosa crise de geração e distribuição de energia elétrica, algo que não ocorria desde a década de 1950, quando o presidente Juscelino Kubistchek deu início ao mais importante programa de modernização econômica do Brasil e quando o governo do estado de São Paulo, sob a

---

[35] A melhor descrição, caracterização e interpretação do significado da greve dos petroleiros fez Cibele Saliba Rizek em "Construindo o consenso antioperário. Relatório do subprojeto Greve dos Petroleiros: embate, legitimidade e governabilidade", artigo a partir do relatório publicado pela autora em *Revista de Estudos Marxistas*, São Paulo, Hucitec, n. 9, 1998. Nossa interpretação se apoia inteiramente nos trabalhos de Rizek.

direção de Carlos Alberto de Carvalho Pinto, iniciou o aproveitamento dos trechos paulistas dos rios da bacia do Paraná. Cidades do porte de São Paulo, com 12 milhões de habitantes, Rio de Janeiro, com 5 milhões, e o país urbano, onde 80% da população (130 milhões de habitantes) habita em cidades, veem-se obrigados a uma dramática redução do consumo de eletricidade. A repercussão sobre a economia ainda não pode ser completamente prognosticada; o medo cresce de forma espantosa, com as cidades imersas em parcial escuridão. O presidente Fernando Henrique Cardoso declarou ter sido surpreendido pela crise, de cuja iminência não foi avisado. Para além do cinismo larvar, não deixa de fazer sentido a declaração de impotência do presidente: a capacidade de previsão do Estado brasileiro foi devastada pela avassaladora globalização/desregulamentação. A "exceção permanente" se dá na criação de duas instâncias superministeriais – uma para gerir a crise energética e outra para tentar minorar os efeitos de pavorosa seca nos estados do Nordeste, no momento em que o presidente extinguiu, por medida provisória, a Sudene, agência de desenvolvimento regional que monitorava as ocorrências de seca. As duas "câmaras de gestão" das crises foram apelidadas pela ironia popular de "ministério do apagão" e de "ministério das secas". Uma crise no fornecimento de água potável para as grandes aglomerações urbanas já está anunciada para os próximos meses. Não há como não lembrar a análise de Franz Neumann acerca da acefalia que acometia o Estado nazista, paradoxal, pela multiplicação de instâncias, organizações, superposição de funções, permanente oscilação das políticas e instituições, simulacro de planejamento, movimentos erráticos de ordens e contraordens, formidável concentração do poder econômico que tornou o Estado supérfluo, desperdício inscrito até mesmo na máquina infernal do Holocausto; tratava-se, para Neumann, da ausência de formas de um não Estado[36].

Há um total embaralhamento dos campos público e privado, que, ademais, nunca chegaram a clarificar-se inteiramente no Brasil, permanente atualização de nossa formação. Os escândalos se sucedem a cada dia e,

---

[36] Ver Franz Neumann, *Pensamiento y acción en el nacional-socialismo* (Cidade do México, Fondo de Cultura Económica, 1983).

mais que tendências atávicas, trata-se da ampliação da sombra entre os negócios públicos e os negócios privados, como processo da feroz concorrência pelo controle dos fundos públicos, na etapa da globalização.

A corrupção funciona, keynesianamente, como redutor da incerteza, devido ao crescimento exponencial num capitalismo financeirizado e às peculiaridades da transição brasileira para o interior do olho desse furacão; conforme já ressaltado, não menos de 20% do PIB brasileiro mudou de mãos nos últimos cinco anos. Esse processo está longe de se completar. Ainda restam importantes fatias das empresas estatais, como a Petrobras[37] e os bancos estatais, que constituem uma espécie de filé-mignon da economia brasileira. A privatização avança, também, sobre a previdência social: o orçamento anual do Instituto Nacional de Seguridade Social (INSS) para 2000 é de 60 bilhões de reais (20 bilhões de dólares), correspondentes a 6% do PIB brasileiro e à quinta parte do orçamento do governo federal.

Essa "aceleração na aceleração" – isto é, a aceleração promovida pela globalização financeira potencializada pela desregulamentação interna, compactadas em não mais que seis anos – parece produzir nas periferias modos criminais da atividade econômica, já notoriamente presentes na Rússia e em outros países ex-socialistas, reeditando os mais bárbaros processos de "acumulação primitiva". O processo no Brasil não é, ainda, de todo criminoso, já que a organização capitalista da produção brasileira é imensuravelmente mais acabada que a da Rússia. Mas as proporções da transferência de poder econômico real entre grupos e classes estão desfazendo o poder que o Estado tem de impor as regras, e os sinais de crescente criminalidade econômica já são assustadores.

A privatização do público é mais que a falta de publicidade, nos termos de Arendt[38]: ela significa que a economia, a sociabilidade e a

---

[37] A importância da Petrobras se mede pelo lucro líquido no primeiro semestre do corrente ano: 4,5 bilhões de reais, ou aproximadamente 2 bilhões de dólares. Corresponde a 0,5% do PIB brasileiro. Compreende-se por que está na fila para a próxima rodada de privatizações de empresas estatais.

[38] Hannah Arendt, *Origens do totalitarismo: antissemitismo, imperialismo e totalitarismo* (São Paulo, Companhia das Letras, 1990).

política não requerem, para sua reprodução, a presença do outro; isto é, o público não é mais um componente estrutural para a reprodução do sistema, o que significa, necessariamente, a volta ao reino da violência privada – isso, deve-se insistir, numa sociedade com as características da formação histórica brasileira, tem tudo para converter-se em exclusão.

L'Internationale à São Bernardo do Campo?

A inserção do movimento sindical brasileiro no internacionalismo operário é interessante e originária, até certo ponto. Pode-se dizer que o sindicalismo brasileiro nasceu, também, pelas mãos de imigrantes espanhóis, galegos, italianos e de alguns poucos portugueses, ligados ao anarcossindicalismo, no princípio do século XX. Fora dos sindicatos, mas exercendo intensa doutrinação, o anarquismo foi a principal corrente política também no meio operário, ao lado dos esforços de socialistas e da Igreja católica e de alguns poucos grupos empresariais de "boa vontade". Era, se assim se pode dizer, um internacionalismo de militantes estrangeiros imigrantes, internalizado, menos que de organizações internacionais. Veio nos navios e instalou-se basicamente no Sudeste e no Sul do Brasil, lugares de fixação da mão de obra estrangeira imigrante.

A presença anarquista e anarcossindicalista no Sul e no Sudeste se deu no ambiente de uma indústria pré-segunda Revolução Industrial, em que ofícios e artes, cabedal de conhecimentos do trabalhador, eram decisivos. A passagem à industrialização sob o paradigma da segunda Revolução Industrial, pré-fordista, exaure, por um lado, as reservas de mão de obra nas regiões de emigração – Itália, Espanha, Galícia, Portugal –, devido à própria reorganização social e política, fascismo entre outros poderosos reestruturadores, ao mesmo tempo que as formas técnicas da segunda Revolução Industrial começam a dispensar o concurso do saber fazer dos trabalhadores. Então, desde os anos 1920, os lugares da industrialização, sobretudo em São Paulo, começam a ser preenchidos pelos imigrantes do Nordeste e de Minas

Gerais. Nacionalizava-se o operariado e se encerrava a primeira fase "internacionalista" do movimento sindical brasileiro[39].

A segunda fase é a da Terceira Internacional. O Partido Comunista Brasileiro é fundado em 1922 e logo assume o lugar central na esquerda brasileira, ocupando também o movimento sindical. Mas o internacionalismo passou a ser das relações partidárias, menos que das organizações sindicais. A experiência internacional do sindicalismo brasileiro atrofiou-se, pois praticamente só membros do Partido Comunista participavam do escasso intercâmbio que, como se sabe, era preestabelecido do lado soviético e dos outros países de sua órbita, pois faltava aos sindicatos da época soviética qualquer liberdade de ação[40]. Do outro lado, os esforços norte-americanos em financiar um sindicalismo pró-capitalismo nunca tiveram muito êxito, embora contribuíssem para a corrupção do movimento operário. Essa fase foi marcada também pelo descenso da presença da Internacional Socialista e dos sindicatos social-democratas.

Internamente no Brasil, portanto, o único concorrente da organização sindical orientada pelo Partido Comunista foi o trabalhismo, cujas relações internacionais eram também praticamente inexistentes[41]. O populismo, forma de consenso "pelo alto", característico da modernização brasileira, coincidiu, pois, com a nacionalização do operariado, com a introdução das cadeias de montagem e com a tutela do sindicalismo de Estado varguista. A rigor, essa tutela desaparecerá apenas na década de 1980.

A situação começou a mudar ainda durante a ditadura militar de 1964 a 1984, quando o movimento sindical renascido no ABC paulista praticamente ditou o modelo para a ação sindical brasileira. Esse

---

[39] Ver Francisco Foot e Victor Leonardi, *História da indústria e do trabalho no Brasil* (São Paulo, Global, 1982), e Edilene Teresinha Toledo, "Em torno do jornal *O amigo do povo*: os grupos de afinidade e a propaganda anarquista em São Paulo nos primeiros anos deste século", *Cadernos AEL*, Campinas, Universidade Estadual de Campinas, IFCH, 1998.

[40] Ver Paulo Sérgio Pinheiro, *Política e trabalho no Brasil* (Rio de Janeiro, Paz e Terra, 1975).

[41] Ver Maria Victória Benevides, *O Partido Trabalhista Brasileiro* (Rio de Janeiro, Paz e Terra 1984).

sindicalismo medrou em meio a um ambiente de regulação fordista e, não por acaso, o ABC paulista passou a ser também a sede das maiores montadoras de automóveis no Brasil. Apoios internacionais começaram a sair da discrição em que se haviam mantido – mesmo porque a repressão da ditadura era fortíssima e havia pressão das empresas estrangeiras no Brasil – sob várias formas, inclusive em organizações não governamentais. Depois, as relações internacionais do sindicalismo brasileiro passaram a ter enorme relevo, sobretudo pela CUT (menos pela Força Sindical); existe uma social-democracia sindical que tenta ser o braço do Partido da Social-Democracia Brasileira, mas não desfruta as relações com os sindicatos social-democratas da Europa ocidental, que apoiam a CUT.

Deve-se notar, entretanto, que, na época de ouro da implantação desse fordismo periférico, entre 1950 e 1980, as empresas estrangeiras instaladas no Brasil praticamente não sofreram pressões de sindicatos e centrais sindicais de seus respectivos países para melhorar as relações de trabalho aqui. Fiat, Volvo, Volkswagen, montadoras fortes nos países originários – sendo Alemanha e Suécia símbolos do pacto social-democrata –, não mantinham com os trabalhadores brasileiros relações muito diferenciadas do padrão geralmente repressor e desestruturado dos sindicatos. A Fiat provavelmente foi a pior de todas e, até onde se sabe, as orientações do sindicalismo italiano, então em seu auge, não mudaram uma vírgula da ação repressora da empresa italiana. O problema dessas relações, depois, era o oposto: enquanto o sindicalismo brasileiro necessitava desesperadamente da cooperação dos trabalhadores dos principais países capitalistas, o sindicalismo nos países centrais experimentou um franco retrocesso, em parte como resultado do desmonte do fordismo.

Parece que uma das novas direções do sindicalismo internacional assume mais as formas de internacional de trabalhadores de empresas, como as de algumas grandes montadoras mundiais[42]. Assinala-se,

---

[42] Na última década, com a abertura e a privatização promovidas aceleradamente nos governos Collor de Mello e Fernando Henrique Cardoso, promoveu-se uma intensa redistribuição da propriedade no Brasil. Entre os setores mais atingidos, está o bancário. Por exemplo, o forte banco ex-estatal Banespa, de São Paulo, foi comprado pelo Santander, da Espanha. As demissões promovidas pelos proprietários

também, e surpreendentemente, uma forte ação da central norte-americana AFL-CIO no movimento de contestação à globalização, traduzindo-se no apoio e até no financiamento dos eventos anti-Seattle, Washington, Praga, Davos, Quebec e pró-Fórum Social de Porto Alegre[43]. Mas toda essa movimentação ainda não se traduziu em protocolos concretos de lutas e pactos para melhorar as relações de trabalho no Brasil no interior das multinacionais norte-americanas e de outras origens.

Os casos trabalhados no âmbito deste projeto, envolvendo Portugal, Brasil, África do Sul, Colômbia, Moçambique e Índia, mostram a precariedade da materialidade das formas de produção dentro das quais se buscam estabelecer conexões internacionais. Trata-se, a meu ver, mais de exercícios de cidadania e de sobrevivência, enquanto a possibilidade de relações moldadas pelos mesmos interesses no plano material são fracas, do ponto de vista de projetos contra-hegemônicos[44]. No Mercosul, acordo de livre-comércio e união aduaneira entre Brasil, Argentina, Uruguai e Paraguai, com o Chile como membro-observador*, as centrais de trabalhadores já estabeleceram uma agenda de trabalho e de proposições, em

---

espanhóis suscitaram uma reação que fortificou as relações entre o Sindicato dos Bancários de São Paulo, a CUT e o sindicato correspondente espanhol no âmbito das Comisiones Obreras. Ações nesse sentido podem crescer nos próximos anos. Roberto Véras parte do projeto coletivo da "reinvenção democrática" e faz uma excelente resenha das principais "internacionais" de trabalhadores das montadoras de automóveis no mundo e suas ligações com o sindicalismo brasileiro, em "O sindicalismo metalúrgico, o 'festival de greves' e as possibilidades do contrato coletivo nacional", em Boaventura de Souza Santos (org.), *Trabalhar o mundo: os caminhos do novo internacionalismo operário* (Rio de Janeiro, Civilização Brasileira, 2005).

[43] Para uma visão do sindicalismo norte-americano em face da globalização, conferir Ron Blackwell, "Globalization and the American Labor Movement", em Steven Fraser e Joshua B. Freeman (orgs.), *Audacious Democracy. Labor, Intellectuals and the Social Reconstruction of America* (Boston, Houghton Mifflin, 1997).

[44] Ver, por exemplo, Rob Lambert e Edward Webster, "Emancipação social e o novo internacionalismo operário: uma perspectiva do sul", em Boaventura de Souza Santos (org.), *Trabalhar o mundo*, cit.

* Atualmente, o Mercosul é composto de Argentina, Brasil, Paraguai, Uruguai e Venezuela como membros plenos; Chile, Bolívia, Peru, Colômbia e Equador como Estados associados. (N. E.)

que se enfrenta justamente o neoliberalismo das políticas econômicas praticadas, em particular na Argentina, com a desindustrialização que já vem sendo a antipolítica industrial e operária desde a administração de José Alfredo Martínez de Hoz no Ministério da Economia, ainda sob a ditadura militar pós-Isabelita Perón, em 1976[45].

O internacionalismo das Internacionais – a de Marx-Bakunin e a segunda, a socialista – não levou em consideração as formas pelas quais se constituíram, nacionalmente, os vários proletariados, suas tradições, suas relações com a burguesia, com o Estado, e suas identidades étnicas, religiosas, morais. Nos termos de Thompson, a experiência do *making* foi ocultada pela suposta unidade dada pela exploração e pelo trabalho abstrato – na verdade, tratava-se ainda de trabalhos concretos[46]. Essa aguda questão – de ordem teórica, de um lado, e urgentemente prática, do outro – não enfrenta menores obstáculos.

Apesar da tendência quase universal de radicalização do trabalho abstrato, que, outra vez, assentaria as bases de uma classe universal, as culturas nacionais, de variada natureza, e a abissal desigualdade entre trabalhadores dos países desenvolvidos e trabalhadores do Quarto Mundo, não constroem nenhum patamar universal para a ação dessa suposta classe trabalhadora universal. É verdade que o "desmanche" global de alguma maneira forja uma espécie de contemporaneidade entre todos os trabalhadores, o que ajuda a construir agendas comuns, como o mostram as manifestações antiglobalização: é a exclusão ou a desfiliação, nos termos de Castel[47], que lança pontes entre os continentes.

A exclusão contemporânea é, precisamente, nos termos de Arendt[48], a superfluidade do outro; a política instaurada pelo neoliberalismo, fundada na nova globalização, busca tornar supérfluas as organizações sindicais. Observadas atentamente, as reformas produzidas pela desre-

---

[45] Ver Leonardo Mello e Silva, *Trabalhadores do Mercosul: uni-vos! A construção de uma voz coletiva contra-hegemônica: quando o dissenso é pôr-se de acordo com, a propósito de* (São Paulo, mimeo, 2001).

[46] Ver Edward P. Thompson, *A formação da classe operária inglesa*, cit.

[47] Ver Robert Castel, *A metamorfose da questão social* (Petrópolis, Vozes, 1998).

[48] Hannah Arendt, *Origens do totalitarismo*, cit.

gulamentação em curso no Brasil obedecem a esse mandato que vem da aceleração da aceleração e operacionalizam a superfluidade das organizações da sociedade civil (nos termos de Gramsci, para quem o conceito e a realidade da sociedade civil não são de oposição ao Estado, mas de um *momentum* seu)[49].

Por essa via interpretativa, a superfluidade da sociedade civil contamina inapelavelmente também o Estado, podendo ter como resultado formas que vão desde o que Gramsci chamou de "democracia regulada" até as ditaduras abertas. A privatização radical que se expressa na inexistência de políticas, mais do que em qualquer aspecto particular da privatização das empresas estatais, anula a possibilidade da própria política, pois não sobram muitos campos da institucionalidade pelos quais as classes sociais organizadas intervenham nos negócios do Estado. Falta, nos termos de Rancière[50], a possibilidade da fala que instaura o dissenso, pois a ressignificação semântica em curso desqualifica os antigos termos da integração posta em marcha desde a Revolução Francesa. É nesse ambiente que o "sindicalismo cutista" – termo de Roberto Véras[51] – tenta elaborar propostas contra-hegemônicas, com a desvantagem de que seu principal concorrente, a Força Sindical, opera nitidamente no sentido de acelerar a desregulamentação, esperando, com isso, ocupar o lugar da CUT, o que tem acontecido de forma parcial.

A luta mais importante da CUT, uma vez mais centralizada nos metalúrgicos de São Bernardo do Campo e, agora, ampliando-se em direção a todos os *greenfields* das novas montadoras e das novas fábricas, enfrenta a desregulamentação no terreno da elaboração de um contrato nacional metalúrgico. Não se trata de um simples contrato que transcenda o contrato coletivo a que nunca se chegou e que reviva o poder sindical nas formas que conheceu no período 1970-1980. É algo mais

---

[49] Ver Antonio Gramsci, *Cadernos do cárcere*, v. 3 e 4, cit.

[50] Jacques Rancière, *O desentendimento: política e filosofia* (trad. Ângela Leite Lopes, São Paulo, Editora 34, 1996).

[51] Ver Roberto Véras, "O sindicalismo metalúrgico, o 'festival de greves' e as possibilidades do contrato coletivo nacional". Aqui o autor faz a melhor descrição e interpretação do movimento em prol desse contrato.

amplo, que tenta expandir a experiência da câmara setorial automotiva, sem, no entanto, colocar as grandes montadoras e as fabricantes de autopeças no acordo. Por um lado, não busca a formação de um consenso entre trabalhadores e montadoras, ao modo da câmara automotiva; por outro, desafia abertamente a tendência central de dessindicalização.

Um contrato metalúrgico nacional propõe, resumidamente, um piso salarial nacional para todos os metalúrgicos do país. Enfrenta, recapitulando, algumas poderosas tendências em curso. A primeira diz respeito à própria superfluidade dos sindicatos: um contrato desse tipo torna, outra vez, o sindicato – o público – peça-chave para a reprodução do sistema, uma vez que o mercado – diga-se, sem eufemismos conceituais, as montadoras – não apenas não teria a capacidade de unificar ou mesmo atenuar as diferenças de remuneração em escala nacional, mas, muito ao contrário, beneficia-se, precisamente, dessas diferenças. Em segundo lugar, montadoras e fabricantes de autopeças estão se deslocando para outros estados, para longe de São Bernardo do Campo, no rastro de um movimento liderado pela Fiat desde a década de 1970. Existem montadoras em pelo menos seis estados da Federação brasileira. Esse deslocamento junta duas peças da estratégia das montadoras: por um lado, escapam de São Bernardo do Campo, com sua tradição de lutas[52]; por outro, pelo mesmo mecanismo, dos níveis salariais vigentes. Vale dizer que a renda real dos trabalhadores passou a estar muito aquém do que era nos anos 1970, incluindo-se os vários componentes do salário indireto perdidos nos últimos cinco anos e a chamada "qualidade de vida" fortemente deteriorada, com favelamento dos trabalhadores, exponencialidade da criminalidade, perda da qualidade dos serviços públicos etc. Na Bahia, local da nova unidade da Ford Motors, o salário nominal é, pelo menos, a metade do que se paga em São Bernardo do Campo. Em terceiro lugar, a guerra fiscal desatada entre os estados da Federação

---

[52] Resende, no estado do Rio de Janeiro, com pouca tradição industrial, recebeu a mais moderna planta industrial da Volkswagen, que opera em células e é totalmente terceirizada. Movimentos recentes de metalúrgicos têm encontrado ampla repercussão entre os operários da nova unidade da Volks, para surpresa dos que confiaram nos *greenfields* como anti-São Bernardo.

transformou a luta pela atração de uma montadora num leilão invertido: estados e municípios dão, de graça, localizações do tipo *real state* e benefícios fiscais durante quinze ou vinte anos, além de creditarem às empresas o equivalente dos impostos que *deveriam* pagar; trata-se de um duplo financiamento, incidindo sobre os mesmos impostos. A implosão da Federação, em nome da ligação do local com o global, somente pode ser enfrentada se a União dispuser de políticas regionais. Desse ponto de vista, portanto, o contrato nacional metalúrgico também é um elemento contra-hegemônico na dissolução da Federação: uma economia política da Federação não pode desconhecer os benefícios que a integração do mercado nacional propiciou à acumulação de capital no centro desenvolvido. Um contrato nacional metalúrgico seria um novo elemento para um novo pacto federativo, agora nos termos de um federalismo cooperativo[53].

A importância de uma intervenção desse porte no conflito pelo fundo público não pode ser minimizada. Objetivamente, pode lançar luz sobre a sombra das relações entre o público e o privado, entre o Estado e o mercado, operando uma redução da incerteza – que, de fato, foi a grande aquisição do *welfare* –, tornando, outra vez, a política não apenas plausível, mas central; sem a política, como o mercado não pode ele mesmo regular a incerteza, a corrupção torna-se o único meio disponível – para além ou aquém do caráter dos indivíduos – capaz de contornar o que Marx chamava de "salto mortal da mercadoria". É republicana essa demanda.

Operando no interior da competição entre trabalhadores e entre empresas, um contrato nacional metalúrgico intervém, finalmente, na formação da taxa de lucro no âmbito nacional e, sem exagerar muito, no âmbito global. O Brasil é um dos sete maiores produtores mundiais de automóvel; e o conjunto Brasil-Argentina já desbancou a Itália. Do ponto de vista da Constituição do Mercosul, qualquer modificação na taxa de salários no Brasil será decisiva, influindo sobretudo na Argentina. Mesmo descontando a perda relativa da indústria na nova divisão

---

[53] Ver Gilberto Bercovici, *Desequilíbrios regionais: uma análise jurídico-institucional* (tese de doutorado, São Paulo, Faculdade de Direito-USP, 2001).

social do trabalho, o setor automobilístico ainda é um dos carros-chefes da acumulação industrial[54]. Um contrato nacional metalúrgico pode intervir nessa equação, obrigando as montadoras a reavaliarem o papel e o lugar dos sindicatos. Por fim, pode-se dizer que contrato nacional metalúrgico modifica a formulação da política econômica no Brasil e, de imediato, também no Mercosul. Contesta a tendência antipública no coração do Estado mínimo.

Ao contrário da tendência da primeira fase da reorganização sindical no Brasil, que, mesmo movendo poderosas massas, não era anti-hegemônica, a nova fase, embora trabalhe num ambiente hostil e acuse um refluxo dos grandes movimentos, é mais elaborada. Em termos gramscianos, é a combinação de "guerra de movimento" e "guerra de posições", e o pensamento gramsciano é capaz de operar essa permanente mudança, porque não separa como instâncias estanques os movimentos conjunturais da rearticulação estrutural. Não é objetivo do sindicalismo cutista a contestação ao sistema: o espantoso é que não querem mostrar que se trata de uma ação anticapitalista, perplexos com sua própria incapacidade de reproduzir as grandes movimentações da lendária São Bernardo do Campo. Assumem, no máximo, a oposição ao neoliberalismo de FHC e do Fundo Monetário Internacional. Mas o movimento se transforma, já que incide, como resumidamente se mostrou, em vários *fronts* da luta antineoliberal e especificamente na forma brasileira da desregulamentação mundial. Não há elaboração anti-hegemônica *stricto sensu* no movimento cutista: falta-lhe a perspectiva de assumir a liderança de um novo consenso, a proposição de novos valores de uma visão de mundo alternativa. Se no passado o movimento sindicalista nascido em São Bernardo do Campo foi anti-hegemônico na política antiditadura porque aspirava aos benefícios do *welfare* privado com as montadoras de automóveis – sendo, pois, pró-hegemônico no plano da sociabilidade, da produção de uma "cultura

---

[54] Em 1995, o lucro líquido das montadoras no Brasil alcançava quase 2 bilhões de dólares, algo correspondente a 0,4% do PIB brasileiro à época e cerca de 10% do faturamento total das empresas montadoras. Mesmo na escala mundial, trata-se de taxas e massas de lucros não negligenciáveis.

industrial" no sentido gramsciano do "americanismo" –, no presente ele é pró-hegemônico no plano da política, enquanto sua proposição de contrato nacional metalúrgico é anti-hegemônica no terreno da sociabilidade.

O movimento sindical cutista é atravessado por todas as contradições – tanto estruturais quanto aquelas ditadas especificamente pelo *momentum* da desregulamentação neoliberal; pode-se dizer, ainda, que elas são constitutivas do "cutismo" hoje. Por um lado, o contrato nacional metalúrgico aparece como *necessidade*, nos termos de Marx. Convém não idealizar a estratégia sindical: seu objetivo não é uma radical mudança nos termos da política, mas refazer as forças da própria central e do sindicato. Uma manifestação não completamente insuspeita da "classe para si", no plano de sua materialidade.

Isso convive com o fato de que talvez a maior parte do investimento em capital passe, hoje, no Brasil, por fontes de financiamento nominalmente de propriedade dos trabalhadores. Fontes como o Fundo de Garantia por Tempo de Serviço (FGTS), o Fundo de Amparo ao Trabalhador (FAT) e o Fundo Programa de Integração Social/Programa de Assistência ao Servidor Público (PIS/Pasep), administradas e aplicadas pelos bancos de investimento estatais, têm conselhos deliberativos com representações da CUT, da Força Sindical e da Confederação Geral dos Trabalhadores, em rodízio. À primeira vista[55], nesses fundos os trabalhadores têm agido como "sujeitos monetários", para usar a expressão de Robert Kurz[56], dando prioridade a aplicações com melhores taxas de retorno. Agiriam como simples capitalistas, quase *rentiers*. É verdade que são minoria, cujo voto contrário – se os há – pode ser aplastado pelos votos do governo. Além disso, é quase impossível que argumentem contra as razões técnico-instrumentais da alta burocracia estatal; esse é um terreno em que a hipótese habermasiana da razão comunicativa se mostra pouco plausível, para dizer o mínimo, pois a semântica das competências técnicas é construída como imperativo categórico. A modernização que se efetua com tais investimentos faz parte da própria desregulamentação.

---

[55] Iniciei uma pesquisa sobre os fundos públicos no segundo semestre de 2000.
[56] Ver Robert Kurz, *O colapso da modernização* (Rio de Janeiro, Paz e Terra, 1993).

Os "sujeitos monetários" podem ser também uma forma da desregulamentação, uma das tenazes da desnecessidade da política, pois deslocam duplamente a centralidade do trabalho[57], seja porque os contingentes operários declinam com a própria modernização, seja porque endossam a razão do lucro do capital dos fundos. Há uma contradição entre o fundo como reprodução do capital e o fundo que se institui e é eficaz exatamente pela existência do sindicato e das centrais.

Na experiência internacional, tal contradição tem se resolvido, sempre, pela predominância da razão do lucro[58]. Essa contradição objetiva tem muita força, pois está no cerne do processo de reprodução ampliada do capital no Brasil. Nos termos de Kurz, seria a contradição entre o fetiche do valor-trabalho, que esteve no centro da ação do operariado social-democrata, e a razão sensível, capaz de escapar do sistema.

Mas a metamorfose que se opera entre a "guerra de movimentos" e a "guerra de posições", como sugerida, se estrutura ancorando-se, de um lado, na materialidade da forma da reprodução ampliada e, de outro, na ampla erosão da legitimidade do neoliberalismo e sua forma cardosiana no Brasil. Essa erosão, que é surpreendente caso se considere que há apenas dois anos a coalizão neoliberal reelegeu Fernando Henrique Cardoso no primeiro turno de votação por ampla maioria, baseia-se no impasse a que a inserção subordinada na globalização levou. Tal impasse se revela um desenvolvimento *stop and go*, numa instabilidade financeira que deteriorou o Estado a um ponto em que a manutenção da dominação requer, como já se apontou neste texto, uma espécie de "exceção permanente". Toda forma é precária. Por sua vez, a materialidade de tal processo reside no contrário do suposto pela ampla literatura que trata da perda da centralidade do trabalho, no fato de que a ampla desregulamentação

---

[57] Ver, para essa discussão, Ricardo Antunes, *Os sentidos do trabalho* (São Paulo, Boitempo, 2000).

[58] De fato, os grandes investidores institucionais no mercado internacional de capitais são fundos originalmente de propriedade de trabalhadores, dos quais o famoso fundo da Michigan University é o mais conhecido. O fato de qualquer pessoa poder subscrevê-los deslocou a "centralidade do trabalho" e tornou-os meramente fundos capitalistas.

do trabalho terminou por envolver praticamente toda a população[59]. Terminou por transformar um amplo conjunto de classes em reféns do trabalho abstrato, sob as não formas da precarização intensa. Antigas restrições e formas de controle dos trabalhadores, de que resultaram as "*arts et métiers*" e a cooperação na primeira Revolução Industrial e o operário-Chaplin do taylorismo-fordismo na segunda, dando lugar ao clássico proletariado e ao trabalhador-massa, foram relegadas pelo progresso técnico, e o processo de acumulação atua apropriando "átomos de valor" de todo e qualquer trabalhador[60].

Trata-se, na formulação de Laymert Garcia dos Santos, da vigência do paradigma molecular-digital[61]. As distinções entre trabalhador formal e informal já não fazem sentido: a precarização é a pedra de toque, de alto a baixo, da escala do trabalho.

Isso se transforma num movimento de unificação pelo lado da precariedade que não transita para um movimento de classes anti-hegemônico, mas se desdobra num movimento de política anti-hegemônica. A agenda política, hoje, é pautada pelas demandas de ética, de transparência, até mesmo para se delimitarem novos horizontes para a agenda social. Políticos importantes, até ontem inalcançáveis no Olimpo de oligarcas, renunciam a seus mandatos; as eleições municipais em 2000 tiveram na ética e na participação popular as diretrizes mais emblemáticas. Contumazes populistas de direita, ferozes cães cultivadores do medo, foram derrotados fragorosamente. Por isso, não faz sentido, nem teórico nem prático, perguntar o caráter de classe de movimentos como o dos metalúrgicos no Brasil: a classe se faz em ato, pelo projeto que porta e pelo sentido antagônico com a dominação vigente.

É o medo da precarização, de que o governo Fernando Henrique Cardoso se tornou o símbolo mais aterrador, que está erodindo fortemente

---

[59] Ver Francisco de Oliveira, *Classes sociais em mudança e o socialismo* (São Paulo, Fundação Perseu Abramo, 2000).

[60] Ver idem, "Nós que combatíamos tanto", *Revista da Sociedade Brasileira de Economia Política*, n. 7, 2001.

[61] Ver Laymert Garcia dos Santos, "Tecnologia, perda do humano e crise do sujeito de direito", cit.

o que a direita teórica chamou de "governabilidade". A caixa de Pandora se abriu de todos os lados. No lado burguês, soltaram-se os demônios de uma privatização acelerada e de uma transformação na propriedade e na estrutura do poder econômico, que torna qualquer previsibilidade uma quimera. No lado popular, a precarização destrói também qualquer horizonte de futuro, e o terror torna-se cotidiano. Num movimento de pinças de intensa dramaticidade, abrem-se tanto perspectivas de uma urgente elaboração anti-hegemônica que ultrapasse as meras territorialidades de classe quanto a face aterradora do fascismo societal, na perspectiva de Boaventura de Sousa Santos.

É entre essas tensões que se dá, concretamente, a ação dos trabalhadores organizados no Brasil hoje – entre reinvenções da emancipação social e política e reforço da danação; entre descida aos infernos e "assalto aos céus", onde pode brilhar o Cruzeiro do Sul ou... a efígie de George Washington.

HEGEMONIA ÀS AVESSAS

Depois de levar um susto no primeiro *round*, quando seu adversário imediato abocanhou 40% dos votos, Luiz Inácio Lula da Silva ganhou fácil o segundo turno das eleições. Há uma gama variada de interpretações para a retumbante vitória. A mais óbvia acentua a influência do Bolsa Família, que teria garantido uma maciça votação por parte dos estratos mais pobres da sociedade. Tanto que, no Nordeste, região que recebe o maior contingente da assistência do programa, Lula ultrapassou os 70% em quase todos os municípios.

É mais complicado explicar por que Geraldo Alckmin teve tantos votos no primeiro turno. E por que perdeu uns 2 milhões de votos do primeiro para o segundo. A interpretação majoritária sustenta que o tucano foi o opositor ideal para Lula: pouco conhecido fora de São Paulo, com cara de paulista, jeito de paulista e fama de paulista, o que fora de São Paulo é um *handicap*. Para completar, Alckmin não tinha nenhuma mensagem e foi muito mal na campanha televisiva. Outra interpretação corrente, assumida pelo próprio Lula e por jornais do exterior, é que o Brasil eleitoral se dividiu entre ricos e pobres, e os pobres venceram. Seria ótimo, se fosse plausível, que os 40% de votos de Alckmin tivessem sido dos "ricos" e que a votação de Lula tivesse sido exclusivamente dos "pobres".

Um dos resultados formidáveis da eleição, incluindo os pleitos para os estados e a renovação do Congresso, foi a salada de coligações e coalizões. Siglas de suposta orientação ideológica oposta se uniram, indiscriminadamente, com toda espécie de agrupamentos, incluindo os de salteadores. Traições abertas às próprias hostes foram a regra. O governador de Mato Grosso, Blairo Maggi, por exemplo, além de ser o maior sojicultor do mundo, é membro do Partido Popular Socialista (PPS), herdeiro do antigo Partido Comunista Brasileiro. Ele apoiou Lula abertamente – enquanto seu partido fazia campanha por Geraldo Alckmin. Essa falta de consistência confirma a irrelevância da política partidária no capitalismo contemporâneo – irrelevância que é mais grave na periferia do que no centro. Os partidos representam pouco, e a política está centrada sobretudo nas personalidades. Sempre foi assim na tradição brasileira, mas, depois da criação dos partidos de massa – vale dizer, depois da criação do Partido dos Trabalhadores (PT) –, houve um período de forte valorização dos partidos.

O Partido do Movimento Democrático Brasileiro (PMDB), metamorfose do antigo partido de oposição à ditadura militar no período de 1964 a 1984, fez a maior bancada na Câmara. O PMDB é, tipicamente, um partido de caciques regionais. Ele não tem sequer unidade programática. Dessa vez, o que é importante como símbolo, não teve candidato à presidência, fosse em coligação com o PT, fosse com o Partido da Social Democracia Brasileira (PSDB). O Partido da Frente Liberal (PFL, atual Democratas) foi derrotado fragorosamente na Bahia e no Maranhão e, ainda assim, formou a maior bancada no Senado.

O Partido dos Trabalhadores se manteve com a segunda maior bancada da Câmara Federal, tendo tido, pela primeira vez, uma diminuição no número de seus deputados. Fez apenas quatro governadores, sendo a Bahia o único estado importante politicamente, até porque derrotou um coronel pefelista tido como imbatível, Antônio Carlos Magalhães. Lula distanciou-se ostensivamente do PT. Apenas recorreu ao partido, e a setores de esquerda fora do PT, no segundo turno, quando viu sua reeleição ameaçada. Proclamados os resultados, logo fechou um acordo com o PMDB para, juntos, dominarem a Câmara dos Deputados e o Senado.

O ceticismo é geral quanto ao segundo mandato. Ninguém, nem à direita nem à esquerda, espera grandes alterações nas políticas governamentais. Lula parece uma barata tonta, clamando por soluções para, conforme diz, "destravar" o desenvolvimento. Afora a continuidade do Bolsa Família e a manutenção do conservadorismo na política econômica, o presidente parece ter perdido inteiramente o rumo. O desnorteio mostra uma das consequências de sua vitória, nas proporções em que ocorreu: Lula não tem objetivos porque não tem inimigos de classe. Alguns, poucos, que vocalizaram a esperança de mudanças na política econômica, foram imediatamente repreendidos pelo próprio presidente reeleito – caso de Tarso Genro, ministro das Relações Institucionais, tido como o ideólogo do governo, e Dilma Rousseff, a poderosa chefe da Casa Civil, considerada o motor do Executivo. Eles estavam entre os mudancistas e logo foram calados.

O governo terá maioria no Congresso, mas é quase certo que o balcão de negociações entre as várias siglas e o Executivo será mais amplo do que no primeiro mandato. Dito de forma mais direta: o governo será mais fraco do que no primeiro mandato, e a cobrança dos apoios será mais forte, na forma de nomeações para os cargos de primeiro escalão e para as grandes entidades federais. A agenda das denúncias de corrupção não está encerrada, embora se espere que o governo seja mais cuidadoso, e as oposições, menos assanhadas.

Aparentemente, o espaço da esquerda se ampliou. Até este escriba votou em Lula, no segundo turno, com essa perspectiva. A oposição pela esquerda a Lula, e ao tucanato, chegou a uns 7% dos votos para presidente, materializada no voto a Heloísa Helena e à Frente de Esquerda PSOL-PSTU-PCB-Consulta Popular. A ilusão quanto ao peso da esquerda se desfez com as primeiras declarações do presidente reeleito, que reendossou a política econômica, manteve nos cargos algumas figuras emblemáticas (caso de Henrique Meirelles na presidência do Banco Central) e defendeu a "era Palocci". No mesmo movimento, Lula aventou, para compor o novo ministério, nomes que estão entre os mais reacionários do meio empresarial – a começar por Jorge Gerdau Johannpeter, proprietário do maior conjunto de siderúrgicas do Brasil (e de algumas no exterior), compradas na bacia das almas das privatizações do governo FHC.

Os votos nulos alcançaram a marca dos 4%, mesma porcentagem para os votos em branco, e 23% dos cadastrados não compareceram às seções eleitorais, mesmo com a obrigatoriedade do voto. De fato, as eleições presidenciais não interessaram a 31% dos votantes. Ou, então, as candidaturas não motivaram esses 31% dos eleitores. É, até o momento, a porcentagem mais alta de "indiferença" eleitoral da história moderna brasileira. Uma indiferença que já se aproxima dos números da abstenção dos norte-americanos nas eleições presidenciais. De novo, essa indiferença quer dizer que a política não passa pelo conflito de classes, evita-o e trapaceia com ele. Nas ruas, o fracasso da "mudança" não poderia ser mais evidente: nenhuma vibração, nenhuma bandeira do PT nem de qualquer outro partido, nenhuma mobilização. A grande maioria dos eleitores se desincumbia da obrigação com ar de enfado. Muitos deles logo tomaram o caminho das praias.

O presidente reeleito não lamentou essa indiferença expressiva do eleitorado. Queixou-se amargamente, isso sim, de não ser o preferido pelos "ricos", cobrando-lhes o fato de que nunca os banqueiros ganharam tanto dinheiro como em seu governo, para logo depois dizer que os "pobres" haviam ganhado a eleição. Essa interpretação foi encampada pela imprensa: o Brasil se havia dividido entre "pobres" e "ricos". Esqueceram-se de explicar os 40% de votos em Geraldo Alckmin no primeiro turno: aí já seríamos um país do Primeiro Mundo!

Qual será a cara do mandato que agora se inicia? Certamente, haverá uma nova ampliação do programa Bolsa Família, e é aí que mora o perigo. Nos outros setores, as mudanças serão superficiais. Talvez seja feita a grande transposição do rio São Francisco para os estados mais sujeitos à seca no Nordeste, além de algumas obras de infraestrutura. Por aí se ficará.

A perspectiva para o futuro requer uma reflexão "gramsciana". Talvez estejamos assistindo à construção de uma "hegemonia às avessas", típica da era da globalização. Foi provavelmente a África do Sul que anunciou essa "hegemonia às avessas": enquanto as classes dominadas tomam a "direção moral" da sociedade, a dominação burguesa se faz mais descarada. As classes dominadas na África do Sul, que se confundem com a população negra, derrotaram o *apartheid*, um dos regimes mais nefastos do século XX, mesmo levando em conta que o século passado conheceu o nazifascismo e o arquipélago Gulag. E o governo sul-africano oriundo da queda do *apartheid*, no entanto, se rendeu ao neoliberalismo. As favelas de Joanesburgo não deixam dúvidas[1]. Assim, a liquidação do *apartheid* mantém o mito da capacidade popular para vencer seu temível adversário, enquanto legitima a desenfreada exploração pelo capitalismo mais impiedoso.

Algo assim pode estar em curso no Brasil. A longa "era da invenção"[2] forneceu a direção moral da sociedade brasileira na resistência à ditadura e alçou a questão da pobreza e da desigualdade ao primeiro plano da política. Chegando ao poder, o PT e Lula criaram o Bolsa Família, que é uma espécie de derrota do *apartheid*. Mais ainda: ao elegermos Lula, parecia ter sido borrado para sempre o preconceito de classe e destruídas as barreiras da desigualdade. Ao elevar-se à condição de *condottiere* e de mito, como as recentes eleições parecem comprovar, Lula despolitiza a questão da pobreza e da desigualdade. Ele as transforma em problemas de administração, derrota o suposto representante das burguesias – o PSDB, o que é inteiramente falso – e funcionaliza a pobreza. A pobreza, assim, poderia ser trabalhada no capitalismo contemporâneo como questão administrativa.

Já no primeiro mandato, Lula havia sequestrado os movimentos sociais e a organização da sociedade civil. O velho argumento leninista-stalinista de que os sindicatos não teriam função num sistema controlado pela

---

[1] Ver Mike Davis, *Planeta favela* (trad. Beatriz Medina, São Paulo, Boitempo, 2006).

[2] Ver "Política numa era de indeterminação: opacidade e reencantamento" e "O momento Lênin", em Cibele Saliba Rizek e Francisco de Oliveira (orgs.), *A era da indeterminação* (São Paulo, Boitempo, 2007).

classe operária ressurgiu no Brasil de forma matizada. Lula nomeou como ministros do Trabalho ex-sindicalistas influentes na Central Única dos Trabalhadores (CUT). Outros sindicalistas estão à frente dos poderosos fundos de pensão das estatais. Os movimentos sociais praticamente desapareceram da agenda política. Mesmo o Movimento dos Trabalhadores Rurais Sem Terra (MST) se viu manietado pela forte dependência em relação ao governo, que financia o assentamento das famílias no programa da reforma agrária.

Nas condições em que se deu, a vitória eleitoral anula as esquerdas no Brasil. Toda crítica é imediatamente identificada como sendo de "direita" – que é um termo inadequado para a defesa de um governo que tem na direita pilares fundamentais, do pequeno Partido Progressista (PP) a setores do PMDB, como os de Jader Barbalho e José Sarney. Um rancor surdo torna difíceis as relações entre a esquerda independente e o PT – particularmente, o governo Lula. Por outro lado, a mídia, sobretudo os grandes jornais, segue atacando o governo com ferocidade, o que contribui para confundir a crítica da esquerda com a crítica da própria imprensa. O principal partido da oposição a Lula, o PSDB, esfrangalhou-se – e também confunde toda a crítica com suas posições.

Caso o programa Bolsa Família experimente uma grande ampliação, o que será possível simplesmente com uma redução de 0,1% do *superavit* primário, os fundamentos da "hegemonia às avessas" estarão se consolidando. Trata-se de um fenômeno novo, que está a exigir novas reflexões. Ele não é nada parecido com quaisquer das práticas de dominação exercidas ao longo da existência do Brasil. Suponho, também, que não se pareça com o que o Ocidente conheceu como política e dominação. Não é o patrimonialismo, pois o que os administradores dos fundos de pensão estatais gerem é capital-dinheiro. Não é o patriarcalismo brasileiro de *Casa-grande & senzala*, de Gilberto Freyre, porque não é nenhum patriarca que exerce o mando nem a economia é "doméstica" (no sentido do *domus* romano), embora na cultura brasileira o chefe político possa se confundir, às vezes, com o "pai" – Getulio Vargas foi apelidado de pai dos pobres, e Lula pensa tomar-lhe o lugar; mas o que ele gere, com sua classe, é capital. Não é populismo, como sugere a crítica da direita, e mesmo de alguns setores da esquerda, porque o populismo foi uma forma autoritária de dominação na transição da economia agrária para a urbano-industrial. E o populismo foi – de forma autoritária, enfatize-se – a inclusão *sui generis* da novel classe operária, desbalanceando a velha estrutura de poder no Brasil, deslocando fortemente os latifundiários da base da dominação. Nada disso está presente na nova dominação.

Muitos críticos e analistas consideram que o Bolsa Família é o grande programa de inclusão das classes dominadas na política. Isso é um grave equívoco, sobretudo por parte daqueles que cultivam a tradição marxista-gramsciana. Entre eles estão Walquiria Domingues Leão Rego, o próprio ministro Tarso Genro e Luiz Jorge Werneck Vianna, sendo que este último considera o Bolsa Família, e o próprio governo Lula, a continuação da "via passiva", na longa e permanentemente inacabada revolução burguesa brasileira. A nova dominação (e arrisco a hipótese de que ela seja própria e funcional ao capitalismo mundializado) inverte os termos gramscianos. Vejamos.

Parece que os dominados dominam, pois fornecem a "direção moral" e, até fisicamente, estão à testa de organizações do Estado, direta ou indiretamente, e das grandes empresas estatais. *Parece* que eles são os próprios capitalistas, pois os grandes fundos de pensão das estatais são o coração do novo sistema financeiro brasileiro, e financiam pesadamente a dívida interna pública. *Parece* que os dominados comandam a política, pois dispõem de poderosas bancadas na Câmara dos Deputados e no Senado. *Parece* que a economia está finalmente estabilizada, que se dispõe de uma sólida moeda e que tal façanha se deveu à política governamental, principalmente no primeiro mandato de Lula.

O conjunto de aparências esconde outra coisa, para a qual ainda não temos nome nem, talvez, conceito. Mas certamente será nas pistas do legado de Antonio Gramsci, o "pequeno grande sardo", que poderemos encontrar o caminho de sua decifração. O consentimento sempre foi produto de um conflito de classes em que os dominantes, ao elaborarem sua ideologia, que se converte na ideologia dominante, trabalham a construção das classes dominadas à sua imagem e semelhança. Esse é o núcleo da elaboração de Karl Marx e Friedrich Engels em *A ideologia* *alemã**, que o pequeno grande sardo desdobrou admiravelmente. Está-se diante de uma nova dominação: os dominados realizam a "revolução moral" – derrota do *apartheid* na África do Sul; eleição de Lula e Bolsa Família no Brasil –, que se transforma, e se deforma, em capitulação ante a exploração desenfreada.

Nos termos de Marx e Engels, da equação "força + consentimento", que forma a hegemonia, desaparece o elemento "força". E o consentimento se transforma em seu avesso: não são mais os dominados que consentem em sua própria exploração. São os dominantes – os capitalistas e o capital, explicite-se – que consentem em ser politicamente conduzidos pelos dominados, à condição de que a "direção moral" não questione a forma da exploração capitalista. É uma revolução epistemológica para a qual ainda não dispomos de ferramenta teórica adequada. Nossa herança marxista-gramsciana pode ser o ponto de partida, mas já não é o ponto de chegada.

---

* Ed. bras.: trad. Luciano Cavini Martorano, Nélio Schneider e Rubens Enderle, São Paulo, Boitempo, 2007. (N. E.)

O AVESSO DO AVESSO

O artigo "Hegemonia às avessas" pretendeu fazer uma provocação gramsciana para explicar os regimes políticos que, avalizados por uma intensa participação popular (a "socialização da política", segundo Antonio Gramsci), ao chegar ao poder praticam políticas que são o avesso do mandato de classes recebido nas urnas. É o caso das duas presidências do Partido dos Trabalhadores (PT) no Brasil. E da destruição do *apartheid* na África do Sul, por meio de uma longa guerra de posições e das seguidas reeleições do Congresso Nacional Africano, uma frente de esquerda com forte influência do Partido Comunista.

Quase sete anos de exercício da presidência por Luiz Inácio Lula da Silva já tornam possível uma avaliação dessa hegemonia às avessas e dos resultados que ela produziu. Não se parte aqui, tampouco tive essa presunção no artigo provocador original, de que Lula teria recebido um mandato revolucionário dos eleitores e sua presidência teria apenas se rendido ao capitalismo periférico. Mas o mandato, sem dúvida, era intensamente reformista no sentido clássico que a sociologia política aplicou ao termo: avanços na socialização da política em termos gerais e, especificamente, alargamento dos espaços de participação nas decisões da grande massa popular, intensa redistribuição da renda num país obscenamente desigual e, por fim, uma reforma política e da política que desse fim à longa persistência do patrimonialismo.

Os resultados são o oposto do que o mandato avalizava. O eterno argumento dos progressistas-conservadores – caso, entre outros, do ex--presidente Fernando Henrique Cardoso – é que faltaria, às reformas e ao reformista-mandatário, o apoio parlamentar. Sem sustentação no Congresso, o país ficaria ingovernável. Daí a necessidade de uma aliança ampla. Ou de uma coalizão acima e à margem de definições ideológicas. Ou, mais simplesmente, de um pragmatismo irrestrito.

Fernando Henrique Cardoso teve recursos retóricos para justificar uma mudança de posição ideológica que talvez não tenha paralelo na longa tradição nacional do "transformismo" (outro termo emprestado do teórico sardo). Luiz Jorge Werneck Vianna, um de nossos melhores intérpretes da "revolução passiva" gramsciana – junto com Carlos Nelson Coutinho –, é mais sutil e tem um argumento mais complexo: não se governa o Brasil sem o concurso do atraso – não apenas por razões parlamentares, mas porque a estrutura social que sustenta o sistema político é conservadora e não avalizaria avanços programáticos mais radicais. Além disso, as fundas diferenças e desigualdades regionais e também o modo como, desde a Colônia, se fundiram o público e o privado – vide Caio Prado Jr. – tornam quase obrigatório um pragmatismo permanente, que leva de roldão perspectivas mais ideológicas, ou meramente programáticas.

Infelizmente, para os defensores do eterno casamento entre o avançado e o atrasado, a história brasileira não dá suporte nem evidências do acerto do conservadorismo com enfeite ideológico progressista. Nem mesmo remotamente. Até no caso da abolição da escravatura, que talvez tenha de fato subtraído o apoio parlamentar ao trono imperial, abrindo espaço para a República, não se deve perder de vista que ela foi pregada por radicais e realizada por conservadores. Nem se pode esquecer que o gabinete da Lei Áurea era presidido pelo conselheiro João Alfredo, notório conservador.

A proclamação da República, entendida modernamente como golpe de Estado, foi conduzida por militares conservadores e, logo em seguida, usurpada pela nova classe paulista que emergia da formidável expansão cafeicultora. Rui Barbosa, grande liberal republicano, chega ao Ministério da Fazenda já com Deodoro da Fonseca, faz uma administração considerada temerária e, depois, tenta seguidamente alcançar a presidência, por meio das eleições "a bico de pena", fracassando em todas elas. Os nomes que ficarão serão os da nova plutocracia paulista: Prudente de Morais, Campos Sales e Rodrigues Alves. Por fim, as bases sociais da abolição já vinham sendo estruturadas pela mesma expansão do café que, para tanto, promoveu a imigração italiana. Não foi a abolição que derrubou a monarquia, mas a expansão econômica violentíssima na virada do século XIX para o XX.

Outro exemplo, mais perto de nós, é o da Revolução de 1930. Quem derrubou o regime caduco da Primeira República foi uma revolução que veio da periferia, do Rio Grande do Sul e da Paraíba, com Minas associando-se em seguida, e contando com a oposição de São Paulo. O atraso, então, serviu de base para o avanço? Longe disso. O Rio Grande tinha uma longa tradição revolucionária, um sistema fundiário mais progressista do que o do resto do país, além de uma cultura positivista entre suas elites, sobretudo a militar, que forneceu o programa social lançado em 1930 (sustentado continuamente por cinco décadas), cujo conteúdo foram as reformas do trabalho e da previdência social.

A historiografia da Unicamp, liderada por Michael Hall, está pondo reparos à tese de que Getulio Vargas copiou a *Carta del lavoro*: decisiva mesmo teria sido a fundamentação positivista, que fez com que nossa Consolidação das Leis do Trabalho (CLT) fosse muito além da legislação italiana. Contra todas as tendências do já principal centro econômico brasileiro, Vargas fez São Paulo engolir goela abaixo um programa industrializante, reformista e socialmente avançado. Não foi à toa que, em 1932, se articulou em terras bandeirantes uma "revolução constitucionalista", cujo programa é hoje emoldurado com galas de avanço – a fundação da Universidade de São Paulo (USP) –, mas que na realidade pretendia barrar o avanço das leis reformistas e reforçar a "vocação agrícola do Brasil". Esse argumento, que ainda frequenta as páginas do *Estadão* (de forma sinuosa, é verdade), era explicitado em prosa e verso pelo jornal hoje plantado às margens malcheirosas do Tietê e pelas principais lideranças paulistas. O atraso governando o país?

O golpe de Estado de 1964, que derrubou o governo João Goulart e terminou com a precária democratização em curso desde 1945, pintou-se com as cores do atraso, mas na realidade realizou o programa capitalista em suas formas mais violentas. Não foi um conflito entre o atraso e o progresso, mas entre duas modalidades de avanço capitalista. O vencedor fez seu o programa do vencido, radicalizando-o e ultrapassando-o. Fincou os novos limites à acumulação de capital muito além do que os vencidos teriam ousado, na esteira da evolução do regime chamado varguista-desenvolvimentista. A estatização promovida pela ditadura militar significou a utilização do poder estatal coercitivo para vencer as resistências não do atraso, mas das burguesias mais "avançadas". Nunca a divisa da bandeira foi levada tão ao pé da letra quanto naqueles anos: "Ordem e progresso". Poderosas empresas estatais se fortaleceram nos setores produtivos, fusões bancárias foram financiadas por impostos pesados, recursos públicos foram usados sem ambiguidades não para preservar o velho, mas para produzir o novo – como a Aeronáutica e o ITA criando a Embraer. Avanço ou atraso?

O fim é conhecido: desatada a caixa de Pandora, o regime sucumbiu não ao fracasso, mas ao êxito em construir uma ordem capitalista avassaladora. O regime militar relegou a burguesia nacional ao papel de coadjuvante, submeteu a classe trabalhadora a pesadas intervenções e não abriu [a economia] ao capital estrangeiro, como faria supor seu ato mais imediato, a revogação da Lei de Remessa de Lucros, de Goulart, que deu o pretexto para o golpe.

Melancolicamente, como cantava uma valsa antiga, que eu ouvia na voz de Carlos Galhardo – com certeza produzida em Hollywood –, a ditadura terminou seus dias com um general enfadado, que preferia o cheiro de cavalos ao do povo, encurralada por um poderoso movimento democrático que deitou raízes em praticamente todos os setores da sociedade. O movimento Diretas Já, no entanto, teve um desenlace moldado em termos irretorquivelmente brasileiros: um pacto pelo alto, entre o partido oficial de oposição à ditadura e o falido partido da própria ditadura, que entregou a presidência, numa eleição indireta, a um civil mais conservador do que o próprio general que saía de sua ronda. Por infelicidade, o poder terminou nas mãos dum acadêmico maranhense de um mais do que duvidoso prestígio literário – como diria minha professora, d. Delfina, desafiando-nos: "Dou um doce a quem tenha lido os tais *Maribondos de fogo*". Chamava-se José Sarney. Continua nos brindando com nomeações no Senado como se estivesse na praia do Calhau, em São Luís. Quem governa, o atraso ou o avanço?

Houve, então, o interregno de Fernando Collor, que tinha voto, mas não tinha voz, e de Itamar Franco, que não tinha nem voto nem voz. Então, chegou o progresso mesmo, em pessoa, adornado com os títulos e as pompas da Universidade de São Paulo. Fernando Henrique Cardoso realizou o que nem a Dama de Ferro tinha ousado: privatizou praticamente toda a extensão das empresas estatais, numa transferência de renda, de riqueza e de patrimônio que talvez somente tenha sido superada pelo regime russo depois da queda de Mikhail Gorbatchov.

Como Antônio Carlos Magalhães, o enérgico cacique da Bahia, foi seu parceiro, confirma-se a tese de que somente se pode governar com o atraso? Longe disso. ACM nunca foi um oligarca no sentido rigoroso do termo e, mais do que isso, a política econômica de Fernando Henrique jamais esteve sob o controle de Antônio Carlos e assemelhados. A política econômica era reserva de caça exclusiva de FHC e de seus tucanos, hoje banqueiros.

Essa turma se desfez do melhor da estrutura do Estado longamente criada desde os anos 1930, cortando os pulsos num afã suicida sem paralelo na história nacional. Honra a São Paulo e a seus ideólogos: Eugênio Gudin não faria igual, e o *Estadão* exultava a cada medida "racional" do governo FHC. Manipulando o fetiche da moeda estável, Fernando Henrique retirou do Estado brasileiro a capacidade de fazer política econômica. Com os dois mandatos, os tucanos operaram um *tournant* do qual seu sucessor se tornou prisioneiro – com a peculiaridade de que Lula radicalizou no descumprimento de um mandato que lhe foi conferido para *reverter* o desastre FHC. É nesse contexto que opera a "hegemonia às avessas".

O que se pode ver no avesso do avesso? Começando pela economia, que tem sido o argumento maior da era Lula: sua taxa de crescimento médio nos seis anos é inferior à taxa histórica da economia brasileira e, em 2009, prevê-se uma queda relativa que o leva de volta à *performance* de seu antecessor imediato, o odiado (para os petistas-lulistas) FHC. O crescimento se baseia numa volta à "vocação agrícola" do país, sustentado por exportações de *commodities* agropecuárias – o Brasil, país de famintos, é hoje o maior exportador mundial de carne bovina – e minério de ferro, graças às pesadas importações da China. Com o simples arrefecimento do crescimento chinês, que de 10% ao ano regrediu a uns 8%, a queda das exportações brasileiras já provocou a forte retração do PIB agropecuário. As exportações voltaram a ser lideradas pelos bens primários, o que não acontecia desde 1978.

Proclama-se aos quatro ventos a diminuição da pobreza e da desigualdade, baseada no Bolsa Família. Os dados disponíveis não indicam redução da desigualdade, embora deva ser certo que a pobreza absoluta diminuiu. Mas não se sabe quanto. A desigualdade provavelmente aumentou, e os resultados proclamados são falsos, pois medem apenas as rendas do trabalho, que, na verdade, melhoraram muito marginalmente graças aos benefícios do Instituto Nacional do Seguro Social (INSS), não ao Bolsa Família. Quem o proclama é o insuspeito Instituto de Pesquisa Econômica Aplicada (Ipea). A desigualdade total de rendas é impossível de medir, em primeiro lugar pela conhecida subestimação que é prática no Brasil, em segundo lugar por um problema de natureza metodológica (conhecido de todos os que lidam com estratificações, que é a quase impossibilidade de fechar o decil superior da estrutura de rendas).

Metodologicamente, como lembrou Leda Paulani, as rendas do capital são estimadas por dedução, enquanto as rendas do trabalho são medidas diretamente na fonte. Medidas indiretas sugerem – na verdade, comprovam – o crescimento da desigualdade: o simples dado do pagamento do serviço da dívida interna, em torno de 200 bilhões de reais por ano, contra os modestíssimos 10 bilhões a 15 bilhões do Bolsa Família, não necessita de muita especulação teórica para a conclusão de que a desigualdade vem aumentando. Marcio Pochmann, presidente do Ipea, que continua a ser um economista rigoroso, calculou que de 10 mil a 15 mil contribuintes recebem a maior parte dos pagamentos do serviço da dívida. Outro dado indireto, pela insuspeita – por outro viés – revista *Forbes*, já alinha pelo menos dez brasileiros entre os homens e mulheres mais ricos do mundo capitalista[1].

A Fundação Getulio Vargas divulgou, no fim de setembro, uma pesquisa que prova que a classe que mais cresceu proporcionalmente, de 2003 a 2008, não foi a C nem a D. Foi a classe AB, que tem renda familiar acima de 4.807 reais – e o dado não leva em conta valorização da propriedade, ações e investimentos financeiros.

Do ponto de vista da política, o avesso do avesso é sua negação. Trata-se da administração das políticas sociais; cooptam-se centrais sindicais e movimentos sociais, entre os quais o próprio Movimento dos Trabalhadores Rurais Sem Terra (MST), que ainda resiste. A política não só foi substituída pela administração, mas se transformou num espetáculo diário: o presidente anuncia com desfaçatez avanços e descobertas que no dia seguinte são desmentidos. O etanol, que seria a panaceia de todos os males, foi rapidamente substituído pelo pré-sal, que agora urge defender com submarinos nucleares e caças bilionários. O pré-sal, aliás, prometia reservas que elevariam o Brasil à condição de maior produtor mundial de petróleo, superando os países do Golfo e dando, de colher, os recursos para quitar a obscena dívida social brasileira. Não tardou muito

---

[1]   Essa famigerada lista é liderada por Carlos Slim, mexicano que fica cada vez mais rico, enquanto seu belo país mergulha fundo na mais infame pobreza. Carlos Fuentes, magnífico romancista mexicano de *A morte de Artemio Cruz*, nos brinda, em *La voluntad y la fortuna*, com um implacável retrato do gordo bilionário mexicano, além de nos dar, na tradição dos grandes muralistas do país de tradição asteca, um belo panorama do México moderno, atolando na miséria e no crime, tendo no pescoço a pedra do Tratado Norte-Americano de Livre Comércio (Nafta).

e a Exxon furou um poço... seco. E agora o British Group, associado à Petrobras, anuncia a mesma coisa. E as expectativas de reserva passaram de 1 trilhão de barris de petróleo para modestos 8 bilhões.

As previsões da equipe econômica são de mágico de quintal. No princípio do ano, em plena crise, o crescimento estimado estava na casa dos 6% para 2009. Pouco a pouco, as previsões – dignas de Nostradamus – caíram para 4%, 5%, 3%, e hoje se aposta em 1%.

O chamado ciclo neoliberal, que começa com Fernando Collor e já está com quase vinte aninhos com Lula, é um ciclo anti-Polanyi, magistral economista e antropólogo húngaro que se radicou na Inglaterra. O projeto do socialismo democrático de Karl Polanyi começava por deter a autonomia do mercado e dos capitalistas. Ora, o governo Lula, na senda aberta por Collor e alargada por Fernando Henrique, só faz aumentar a autonomia do capital, retirando das classes trabalhadoras e da política qualquer possibilidade de diminuir a desigualdade social e aumentar a participação democrática. Se FHC destruiu os músculos do Estado para implementar o projeto privatista, Lula destrói os músculos da sociedade, que já não se opõe às medidas de desregulamentação. E todos fomos mergulhados outra vez na cultura do favor – viva Machado de Assis, viva Sérgio Buarque de Holanda e viva Roberto Schwarz!

As classes sociais desapareceram: o operariado formal é encurralado e retrocede, em números absolutos, em velocidade espantosa, enquanto seus irmãos informais crescem do outro lado também espantosamente. Em sua tese de doutorado, Edson Miagusko flagrou, talvez sem se dar conta, a tragédia: de um lado da simbólica via Anchieta, no terreno desocupado onde antes havia uma fábrica de caminhões da Volks, há agora um acampamento de sem-teto, cuja maioria são ex-trabalhadores da Volks. Do outro lado da famosa via, sem nenhuma simultaneidade arquitetada – aliás, os dois grupos se ignoraram completamente –, uma assembleia de trabalhadores ainda empregados da Volks tentava deter a demissão de mais 3 mil companheiros. Eis o retrato da classe: em regressão para a pobreza. De são Marx para são Francisco.

As classes dominantes, se de burguesia ainda se pode falar, transformaram-se em gangues no sentido preciso do termo: as páginas policiais dos jornais são preenchidas todos os dias com notícias de investigações, depoimentos e prisões (logo relaxadas quando chegam ao Supremo Tribunal Federal) de banqueiros, empreiteiros, financistas e dos executivos que lhes servem, além de policiais a eles associados. A corrupção campeia de alto a baixo: do presidente do Senado, que ocultou a propriedade de uma mansão, passando pelo ex-diretor da casa, que repetiu – ou antecipou? – a mesma mutreta, a senadores que pagam passagens de sogras e namoradas com verbas de viagem e deputados que compram castelos com verba indenizatória.

Trata-se de um atavismo nacional? Só os que sofrem de complexo de inferioridade tenderiam a pensar assim. Qualquer jornal americano da segunda metade do século XIX noticiava a mesma coisa. Até a mulher de Lincoln praticava, em conluio com o jardineiro, pequenos "desvios" de verba da casa da avenida Pensilvânia (segundo a má língua famosa de Gore Vidal).

A novidade do capitalismo globalitário é que ele se tornou um campo aberto de bandidagem – que o diga Bernard Madoff, grande líder da bolsa Nasdaq durante anos. Nas condições de país periférico, a competição global obriga a uma intensa aceleração, que não permite regras de competição que Weber gostaria de louvar. O velho Marx dizia que o sistema não é um sistema de roubo, mas de exploração. Na fase atual, Marx deveria reexaminar seu ditame e dizer: de exploração e roubo. O capitalismo globalitário avassala todas as instituições, rompe todos os limites, dispensa a democracia.

O avesso do avesso da "hegemonia às avessas" é a face, agora inteiramente visível, de alguém que vestiu a roupa às pressas e não percebeu que saiu à rua do avesso. Mas agora é tarde: Obama sentenciou que "ele é o cara", e todo o mundo o vê assim. O lulismo é uma regressão política, a vanguarda do atraso e o atraso da vanguarda.

A CLONAGEM

Luiz Inácio Lula da Silva, então no auge da popularidade, acreditou em suas virtudes mágicas e, dessa popularidade, clonou sua candidata à presidência da República. Ela, afinal, ganhou sem muita dificuldade de José Serra, a caminho de ser conhecido como Zezinho Três Quedas.

Mas, se mesmo na biologia a clonagem tem vida curta – a ovelhinha Dolly, copiada geneticamente pelo cientista Ian Wilmut, por exemplo, não durou muito tempo –, em política ela é um expediente cujo artifício se desmancha com rapidez.

Assim, todas as dificuldades até então enfrentadas pela presidente Dilma Rousseff não são mais do que a morte precoce da clonagem efetuada por Lula da Silva. Mas ela acreditou e aceitou o truque, até porque a tramoia integrava a montagem de sua imagem pública, que resultou na figura de todo-poderosa ministra-chefe da Casa Civil.

O truque não consistiu em tirar do bolso do colete uma candidata cuja história prévia no Partido dos Trabalhadores praticamente não existia. Tampouco lhe assegurava imunidade às trapaças internas que caracterizam hoje o partido que um dia foi a esperança de renovação da política brasileira. O mandato inicial do PT era o de levar mais adiante um tímido programa social-democrata, cujo arremedo já era ensaiado desde os dias em que Ulysses Guimarães elaborou o programa do antigo Movimento Democrático Brasileiro (MDB).

Na verdade, apesar da retórica, desde o Bolsa Família e agora com o Brasil sem Miséria, a política social sob Lula da Silva tem andado em franca regressão. Ela decaiu do patamar de política pública para o da caridade estatal. Deixou a tutela de são Marx para regressar às bênçãos de são Francisco. Nada contra, como diz frequentemente Clóvis Rossi. Até porque o grande santo de Assis, na Itália, dificilmente é ultrapassado por qualquer outra personalidade histórica – e, se Lula da Silva tem essa pretensão, então sua necessidade de psicanálise é ainda mais urgente.

É bem verdade que a celebrada intuição do ex-presidente sindicalista lhe disse ao pé do ouvido, como faziam as antigas raposas do PSD mineiro, que o mensalão liquidou com as lideranças mais importantes do PT. Portanto, convinha sair-se com outra esperteza para prolongar a era Lula – Sérgio Motta, o gordo sinistro que já se foi, pensava num domínio tucano por vinte anos, e tudo durou tão somente os dois mandatos de Fernando Henrique Cardoso.

Sem discutir nenhum dos méritos pessoais de Dilma Rousseff, é evidente que suas dificuldades no Planalto decorrem da clonagem que Lula da Silva efetuou. Tal clonagem não consiste em tirar "ovelha" da cartola, como fez Ian Wilmut, mas em tentar anular a política por meio de uma simulada coalizão de interesses que negava a luta de classes, da qual Lula nunca gostou, apesar de ter crescido dentro dela.

Não é o arco nominal de alianças, que vai desde ele mesmo até seu antigo desafeto Fernando Collor de Mello, passando por José Sarney e Paulo Maluf, o que explica a situação do ex-presidente, mas a mágica de transformar a miséria em ativo financeiro. É isso o que o Bolsa Família faz. Oito anos de governo liderado pelo PT destinaram cerca de 14 bilhões de reais anuais aos pobres e mais de 200 bilhões de reais para os detentores de títulos da dívida pública interna.

Marcio Pochmann, que presidiu o Instituto de Pesquisa Econômica Aplicada (Ipea), naqueles tempos e hoje, fez os cálculos: umas 15 mil famílias detêm os tais títulos brasileiros; e os que estão nas mãos de estrangeiros, entre os quais grandes instituições financeiras mundiais, constituem uma das fatias mais importantes. O mundo todo se rendeu a Lula da Silva.

Os profissionais, contudo, sabem: o pior mágico é o que pensa que faz mágicas. O avalista dos títulos da dívida pública interna, esse milagre brasileiro, é o Bolsa Família – isto é, os pobres. E agora são os miseráveis. Quem diz isso é André Singer, ex-porta-voz do presidente e professor de ciência política que, numa investigação que requer coragem intelectual e política, dedicou-se a estudar o que ele mesmo chama de "bases sociais do lulismo".

Assim, a presidência de Dilma Rousseff saiu de uma crise para capotar na seguinte. Não é sua inabilidade nem a proclamada dureza, tampouco a falta de charme, que lhe causam dificuldade, mas o artificialismo da coalizão de interesses que Lula da Silva armou. Na sequência da presidência FHC, que lhe deu de presente a estabilidade monetária, sem a qual nem os pobres nem os ricos receberiam uns as migalhas e outros os bilhões com que Lula os presenteia, a coalizão não resistiria aos oito anos nem, agora, aos prováveis mais oito de Dilma Rousseff – ou equivalente. A coalizão se baseia nessa esdrúxula somatória que Lula da Silva pensa que inventou.

A ignorância histórica é má conselheira: o Partido Revolucionário Institucional (PRI), do México, que nasceu da liderança de Lázaro Cárdenas, já havia realizado façanha semelhante a partir de 1935, criando um esquema que durou quase meio século. Depois, o que sobrou para os mexicanos? Sobrou uma direita superagressiva, a corrupção disseminada, um país dominado pelo narcotráfico, o desmonte do Estado, uma perda de independência quase total do México, que segue preso entre as engrenagens da dependência dos Estados Unidos, nos marcos do Tratado Norte-Americano de Livre Comércio (Nafta). Já dizia Porfirio Díaz, que conhecia o assunto, pois governou o país por três décadas com mão de ferro: "Pobre México, tão perto dos Estados Unidos e tão longe de Deus".

Não há nenhum catastrofismo pela frente. O Brasil continuará em sua rota na direção do capitalismo total, *sans ambages*, sem vergonha, diríamos melhor, já a sexta economia capitalista do mundo, caminhando para superar várias potências europeias, ante as quais antigamente nos curvávamos. Ingressamos, finalmente, no clube dos ricos. Não sem paradoxos muito fortes, como acontece com frequência: Carlos Slim, do México, quase sempre está à cabeça dos mais ricos, e o Brasil já tem dois ou três capitalistas nesse time. *Par contre*, como dizem os franceses, continuamos a bater recordes de desigualdade moderna, e não à antiga, que, como de bom-tom, atribuíamos a nossas heranças históricas.

JEITINHO E JEITÃO

Norbert Elias se destaca entre os modernos clássicos das ciências sociais por não recusar a investigação sobre o caráter das sociedades. É o que ele faz, brilhantemente, em seu derradeiro livro, *Os alemães*, publicado em 1989, um ano antes de morrer, já nonagenário. Ali ele se pergunta, diretamente e sem rodeios, o que fez com que a Alemanha estivesse no coração das grandes tragédias modernas: a Primeira, a Segunda Guerra Mundial e o Holocausto.

Elias tinha condições subjetivas para tanto: viveu uma experiência dolorosa como soldado na Primeira Guerra Mundial; judeu, teve de se exilar da Alemanha durante o nazismo; sua mãe foi trucidada em Auschwitz. Tinha também credenciais intelectuais para tentar explicar como a nação que sintetizou a Era das Luzes, pátria de Kant, Hegel e Goethe, desenvolveu a indústria do extermínio: estudou medicina e psicanálise, doutorou-se em filosofia e foi professor de sociologia na Inglaterra.

Para ele, o desenvolvimento tardio do capitalismo na Alemanha, a ausência de uma revolução burguesa no país, a unificação nacional sob o tacão militar de Bismarck, o culto à organização, do qual o militarismo é o emblema mais ostensivo – tudo isso criou um caráter alemão. Esse caráter distingue a sociedade germânica de todas as outras, até mesmo das europeias. Para Elias, não são apenas circunstâncias históricas que explicam o surgimento de Adolf Hitler. Isso é uma meia verdade. As ideias monomaníacas que engendraram a bestialidade fascista talvez não tivessem acolhida sem a existência prévia do caráter alemão, nos termos definidos por Norbert Elias.

Os cientistas sociais costumam recuar ante tal tipo de análise. Têm receio de ser julgados preconceituosos. E, talvez, de se ver excluídos da interlocução com a ciência social alemã, uma das mais brilhantes fontes do pensamento filosófico-social em todos os tempos.

É por um caminho "norbertiano" que pretendo investigar o caráter brasileiro. Penso que o peculiar modo nacional de livrar-se de problemas, ou de falsificá-los, constitui o famoso jeitinho brasileiro.

Os clássicos do pensamento social brasileiro têm dificuldade em lidar com a questão do caráter nacional, que amalgama o subjetivo e o objetivo. Salvo, evidentemente, Gilberto Freyre. Mas o autor de *Casa-grande & senzala* mascarou sua investigação com a nostalgia de um tempo que nunca existiu e com o enaltecimento da suposta – e ilusória – capacidade da metrópole lusitana de se adaptar aos trópicos coloniais.

Por isso, ele enxergou no Nordeste açucareiro a primeira região importante na formação do Brasil – que o historiador Evaldo Cabral de Mello definiu como "açucarocrata", uma dominação "doce". O sociólogo de Apipucos construiu uma hipótese que serve de justificativa ideológica para a sociedade decorrente da escravidão. Sua interpretação é, ela própria, uma das vertentes do jeitinho brasileiro.

Sérgio Buarque de Holanda enfrentou melhor a questão. Seu "homem cordial" – para quem as relações pessoais e de afeto (para o bem ou para o mal) se sobrepõem à impessoalidade da lei e à norma social – é a própria encarnação do jeitinho brasileiro.

Caio Prado Jr. não ofereceu nenhuma contribuição ao assunto. Embora seu marxismo fosse criativo e original, ele ficou prisioneiro da objetividade – mantra que impediu gerações de marxistas, aqui e alhures, de investigar o caráter das nações.

Antonio Candido, nosso clássico moderno, tratou do tema em "Dialética da malandragem", poderoso ensaio sobre *Memórias de um sargento de milícias*, romance de Manuel Antônio de Almeida que se passa no Rio de Janeiro em meados do século XIX. Ainda que se aproxime decididamente do jeitinho, faltou ao ensaio, a meu ver, um pouco de irreverência para que correspondesse à ginga do malandro carioca. Candido respeita tanto o brasileiro pobre que aborda as figuras populares com uma reverência quase mística. Para ele, nossa sociedade é tão obscenamente desigual que qualquer crítica às classes dominadas não passa de preconceito – mais um – dos ricos.

Outros autores, como Roberto DaMatta, vão diretamente à problemática do caráter nacional. Foi o que ele fez em *Carnavais, malandros e heróis*. Não é pela vertente de DaMatta, contudo, que pretendo chegar lá. Busco desenvolver uma investida mais nitidamente materialista, mesmo sabendo que o abandono da investigação antropológica possa implicar empobrecimento da análise.

Eis a tese: o jeitinho é um atributo das classes dominantes brasileiras transmitido às classes dominadas.

Segundo Marx e Engels, em *A ideologia alemã**, as ideias e os hábitos das classes dominantes se transformam em hegemonia e caráter nacional. No Brasil, a classe dominante burlou de maneira permanente e recorrente as leis em vigor, sacadas a fórceps de outros quadros históricos. O drible constante nas soluções formais propicia a arrancada rumo à informalidade generalizada. E se transforma, ao longo da perpétua formação e deformação nacionais, em predicado dos dominados.

Essa situação, que é social, configura-se no malandro, especialista no logro e na trapaça. O malandro, com sua modernidade truncada, foi primeiro o carioca. E esse carioca era geralmente pobre, mas não miserável. Como não poderia deixar de ser, era mulato: esgueirava-se por entre as classes e os estratos mais abastados, no típico – e falso – congraçamento de classes herdado do escravismo.

Tinha "bossa" quem dominava a aptidão para fugir ou escapar das soluções formais. Bossa é a expressão do jeitinho, a maneira de ganhar a

---

* Ed. bras.: trad. Luciano Cavini Martorano, Nélio Schneider e Rubens Enderle, São Paulo, Boitempo, 2007. (N. E.)

vida sem se submeter aos ditames da norma, de conviver sem ser reconhecido como fora da lei. A moderna música popular brasileira, nascida no Rio de Janeiro, com toda a razão foi chamada de bossa nova. Ela foi um jeitinho de escapar das convenções musicais *à la* Vicente Celestino, cópia falsa do grande canto lírico italiano. E também um jeitinho de incorporar as malandragens do samba – de origem africana e escrava – ao universo das elites.

A burla das classes dominantes brasileiras às normas seria atávica? Meu horror à burguesia (esse, sim, quase totalmente atávico) – cujo retrato acabado foi a açucarocracia pernambucana, perdulária e arrogante – tenderia a confirmar que o jeitinho é um caso de mau-caratismo, um dado subjetivo. Mas prefiro a trilha aberta por Norbert Elias: a burla é uma forma de adotar o capitalismo como solução incompleta na periferia do sistema. Incompleta porque o capitalismo trouxe para cá a revolução das forças produtivas, mas não as soluções formais da civilidade. As classes dominantes, então, têm de "se virar", dão um jeitinho para garantir a coesão de um sistema troncho e, *comme il faut*, a exploração.

Sem querer atribuir tudo a nossos colonizadores, a semente do jeitinho já vicejava na irresolução que Portugal deu às questões de administração e governo da jovem – e enorme – colônia. Não dispondo nem de homens nem de recursos capazes da façanha de fazer a minúscula cobra engolir o enorme elefante, Portugal opta pela solução capenga das capitanias hereditárias. Na mesma época, tendo criado um novo caminho para o Oriente com Vasco da Gama, d. Manuel, o Venturoso, emprega até o fim os modestos recursos portugueses na conquista da Índia e só consegue estabelecer relações comerciais em pontos isolados do sul do continente.

No Brasil, as capitanias são entregues a fidalgos, alguns com recursos ínfimos e a maioria quase sem nenhum capital. O resultado da colonização pelo método das capitanias foi pífio, à exceção de duas ou três delas. O fracasso na Índia é do mesmo porte, senão maior: Lisboa se tornou a meca das especiarias orientais, mas Portugal nunca ocupou a Índia. Nem sequer conseguiu que a língua portuguesa tivesse peso expressivo entre as centenas de dialetos do país. A lembrança lusa mais forte ficou restrita a Goa e Macau.

Voltemos ao caso carioca, lembrado a propósito da malandragem e da bossa nova. Foi Juscelino Kubitschek, outro exemplar do homem cordial, quem jogou a pá de cal nas pretensões modernas do Rio de Janeiro: retirou-lhe a centralidade de capital e não botou nada no lugar. Incapaz de resolver os problemas locais, que já se apresentavam em grau superlativo, deu um jeitinho e transferiu a capital para Brasília, nos ermos do Planalto Central.

Espanta-se quem anda hoje pelas ruas da cidade que antigamente ostentava sua modernidade: o Rio de Janeiro ficou a cara do Brasil. A despeito do oba-oba em torno do renascimento carioca, basta observar a área ao redor do palácio do Catete, antiga residência dos presidentes da República. O bairro à vista exibe mediocridade urbana, pobreza ostensiva e tráfico de crack.

A fantasia da mulher carioca, linda e elegante (e que de fato disputava o topo da beleza com mulheres de outras nacionalidades, com a vantagem da miscigenação), deu lugar à imagem de mulheres – e homens – que andam com sandálias surradas e se vestem pobremente. Como não perceber aí sinais de uma modernidade truncada?

No caso de Juscelino e das classes dominantes, a mudança da capital foi um "jeitão" de deslocar um problema: criar uma nova fronteira para a expansão capitalista, catapultada pela indústria da construção civil. O jeitinho foi fazer isso por meio de candangos, trabalhadores informais, depois abandonados à própria sorte, "sem lenço, sem documento", como cantaria Caetano Veloso, ele próprio, conforme a análise de Roberto Schwarz, cultor do jeitinho transformado em "verdade tropical". O Brasil é assim, defende Caetano, a esquerda é que não o entende.

Na segunda metade do século XIX, o café liderava a expansão econômica. Não só no vale do Paraíba, em São Paulo ou mesmo no Brasil:

o café era a mercadoria mais importante do comércio mundial. Só foi desbancado dessa posição pelo petróleo, nos anos 1940. Mas o início da expansão do café se deu sobre o lombo dos escravos.

Qual foi o jeitão da classe dominante, no caso os cafeicultores, a partir do fim do escravismo, em 1888? Em vez de incorporar ex-escravos à cidadania, fornecendo-lhes meios de cultivar a terra e se incorporar ao trabalho regular, importaram a mão de obra europeia, transformando São Paulo na maior cidade italiana do mundo. Malandramente, cheios de bossa, contornaram os problemas do fim do escravismo e se desresponsabilizaram pelos ex-escravos, de novo, como cantaria Caetano, pessoas "sem lenço, sem documento".

Surgia o trabalho informal – quer dizer, sem formas. O jeitão da classe dominante obrigou os dominados a se virarem pelo jeitinho do trabalho ambulante, dos camelôs que vendem churrasquinho de gato como almoço, das empregadas domésticas a bombar de Minas e do Nordeste para as novas casas burguesas dos jardins Europa, América, Paulistano. E também para os apartamentos das elegantes – e já medíocres – madames de Copacabana, de Ipanema e do Leblon, propiciando o vexame bem brasileiro de criados negros, vestidos a rigor, servindo suco de maracujá a *demoiselles* que se abanavam como se estivessem nos salões parisienses.

Lá em cima, no Pernambuco açucarocrata, Gilberto Freyre podia criar, então, nossa versão de ... *E o vento levou. Casa-grande & senzala* é a mais formidável denúncia do estupro como formador da nacionalidade, mas visto de um ângulo nostálgico. Ainda não era o tempo das madames e *demoiselles*, mas o dos sinhôs, das sinhás e sinhazinhas.

O mais clássico dos clássicos do pensamento social brasileiro – Antonio Candido, nossa referência moral e intelectual, considera *Casa-grande & senzala* o livro mais importante das ciências sociais brasileiras – é também um pastiche. Sob determinado aspecto, é quase um deboche do jeitão de irresolução do problema da mão de obra e de seu rebaixamento às relações "adocicadas" – aquelas em que o filho do senhor transforma o negrinho, companheiro de travessuras, em cavalo vivo. Eis aí a lembrança mais festejada da infância dos senhores. Pais e mães da casa-grande ensinavam aos filhos o jeitinho doce de ensinar e se divertir ensinando.

Os filhos dos negros, por sua vez, aprendiam quem estaria sempre por cima, docemente...

Getulio Vargas, o estancieiro gaúcho que liderou a Revolução de 1930, tentou formalizar o jeitinho para acabar com o jeitão. Vale dizer: buscou civilizar a classe dominante para que o proletariado existisse. Criou uma legislação trabalhista avançada, mas a expansão capitalista seguiu desobedecendo às regras e, junto com os empregos formalizados pela nova legislação, a avalanche do trabalho informal engolfava todas as relações sociais.

A informalidade é a forma, o jeitinho de substituir as relações racionais e obrigatórias pela intimidade, como já demonstrou Sérgio Buarque de Holanda. Mas essa substituição, assim que se apresenta o primeiro conflito, mostra sua outra face: a informalidade se converte no rigor mais severo, no apelo à arbitrariedade e, não raro, em exibições de crueldade. O senhor de engenho que se deitava com sua mucama era o mesmo que a castigava no tronco quando alguma falta, suposta ou verdadeira, lhe ofendia a propriedade.

Diga-se logo, para não nos autocaricaturarmos com nosso eterno "complexo de vira-lata" (como disse Nelson Rodrigues), que Thomas Jefferson, o grande paladino da liberdade, também estuprava suas escravas. A diferença, essencial para distinguir o jeitinho de outras práticas de dominação, é que Jefferson deu seu nome a sua descendência negra, coisa que nenhum de nossos senhores de engenho chegou a fazer.

Em Pernambuco mesmo, as fábricas de Paulista, que chegaram a ser o maior complexo industrial têxtil da América Latina, eram propriedade dos Lundgren. E o membro da família que tocava a fábrica era um sueco que se deitou com trezentas de suas operárias. Ele deixou uma prole enorme, mas não há notícia de pobres com sobrenome Lundgren. No máximo, na falta de sobrenome, davam-se aos negros escravos nomes de santos católicos. Daí a proliferação de sobrenomes como dos Santos e de toda a corte católica dos altares.

Antes de Sérgio Buarque, Machado de Assis, ele mesmo mulato, portanto conhecedor do truque do jeitinho, fez com que *Dom Casmurro* se tornasse (e é até hoje) o retrato mais notável da classe dominante brasileira: "Por fora, bela viola; por dentro, pão bolorento", como se diz no popular. Bentinho é liberal por fora e escravista por dentro. Machado usou um jeitinho literário para legar um formidável enigma, ao qual já se dedicaram milhares de páginas: Capitu traiu mesmo ou foi vítima de uma vituperação de classe? Maria Capitolina, a Capitu, era mais pobre que seu marido liberal, Bentinho. E, com seus "olhos de ressaca", provavelmente tinha sangue negro.

Nascido inicialmente das contradições entre uma ordem liberal formal e uma realidade escravista, o jeitinho se transformou em código geral de sociabilidade.

Recordo um caso pessoal, passado há muito tempo. Eu trabalhava com Celso Furtado (rigorosamente antijeitinho), que recebia um diretor do Banco Interamericano de Desenvolvimento – por sinal, conterrâneo seu. Este, vendo-me por perto e julgando que eu não era parte da conversa, pediu-me água. Pediu a primeira, a segunda e a terceira vez. Fui obrigado a dizer-lhe que não confundisse gentileza com servilismo e que, da próxima vez, ele mesmo se servisse. Não ocorria àquele senhor que alguém que não fosse de sua grei pudesse tomar parte de uma conversa com altos representantes da banca interamericana.

A origem do jeitinho, assim como a da cordialidade teorizada por Sérgio Buarque, explica-se pela incompletude das relações mercantis capitalistas. Parece sempre que as pessoas estão "sobrando". Elas são como resquícios de relações não mercantis, não cabem no universo da civilidade. E às pessoas que sobram pode ser pedida qualquer coisa, já que é obrigação do dominado servir ao dominante.

Qualquer reunião brasileira está cheia de batidinhas nas costas na hora do cumprimento, impondo de saída uma intimidade que é intimatória e intimidatória. Um dos cumprimentos mais característicos de Luiz Inácio Lula da Silva, por exemplo, é bater com o dorso da mão na barriga dos interlocutores. Mesmo em encontros formais, o primeiro gesto de Lula ao se aproximar de qualquer pessoa é tocar-lhe a barriga.

A matriz desses gestos encontra-se evidentemente no longo período escravagista. Nele, o corpo dos negros era propriedade, podia ser tocado e usado. O surpreendente é esses gestos e esses costumes terem persistido ao longo de cem anos de vigência de um capitalismo pleno.

O escravismo e a escravidão não explicam inteiramente a "longa duração" da informalidade generalizada nem dos hábitos que a acompanham. Os Estados Unidos tiveram um sistema escravista que chegou a organizar fazendas de criação de negros. A ruptura com o escravismo custou à nação norte-americana uma guerra civil que deixou marcas até hoje. Mas o jeitinho não foi o expediente que usaram para superar os problemas colocados pelo capitalismo que avançava.

Aqui, o jeitinho das classes dominantes se impôs na abolição da escravatura. Primeiro veio a Lei do Ventre Livre: garotos e garotas negros eram libertados em meio à escravidão. Mas, como inexistia a perspectiva de terem terra, emprego ou salário, a libertação não lhes servia para quase nada.

Depois veio a Lei dos Sexagenários. Aos sessenta anos, os negros que ainda estivessem vivos eram libertados. Ora, já se sabia que a média de vida de escravos não alcançava os quarenta anos. Como mostrou Luiz Felipe de Alencastro em *O trato dos viventes*, depois de décadas de labuta no eito, o consumo do trabalho pelo capital não era uma metáfora: o negro era um molambo de gente, e não um homem livre, mesmo quando libertado pela Lei dos Sexagenários.

O que parecia cautela e previsão era, na verdade, o jeitinho (e o jeitão) em movimento. Gradualmente, até a chamada Lei Áurea, a escravidão persistiu. Isso criou uma superpopulação trabalhadora que o sistema produtivo não tinha como incorporar. Com a industrialização, tão sonhada pelos modernos, o problema se agravou. Tendo que copiar uma industrialização de matriz exógena, que tende sempre à economia do trabalho, os excedentes populacionais cresceram exponencialmente.

Assim, o chamado trabalho informal se tornou estrutural no capitalismo brasileiro. É ele que regula a taxa de salários, não as normas trabalhistas fundadas por Vargas. A partir daí, todas as burlas são permitidas e estimuladas. Uma das perguntas que candidatos a vagas de emprego mais ouvem é: "Com carteira ou sem carteira?". O funcionário com carteira resulta em descontos para a Previdência. Se o salário for um pouquinho melhor, até para o Imposto de Renda. A resposta do candidato ao emprego é óbvia: sem carteira.

Quando o trabalhador ou a trabalhadora que tem consciência de seus direitos recusa o emprego sem carteira, às vezes escuta: "Malandro, não quer trabalhar".

Em qualquer setor, em qualquer atividade, o jeitinho se impõe. O executivo de terno italiano de grife, o apresentador da televisão e a atriz de um musical não são assalariados. São pessoas jurídicas, PJs, unicamente para que empresas paguem menos impostos. Advogados, dentistas e prestadores de serviços oferecem seus préstimos com ou sem recibo, e esse último é mais barato. Bancários, telefonistas, vendedores e outras tantas categorias viram suas profissões periclitarem: eles são agora atendentes de *call centers*, terceirizados por grandes empresas.

O jeitinho é a regra não escrita, sem existência legal, mas seguida ao pé da letra nas relações micro e macrossociais. Está tão estabelecido e é tão natural que estranhá-lo (hoje menos do que ontem, reconheça-se) pode ser entendido como pedantismo, arrogância ou ignorância: "Nego metido a besta", essa é a sentença. A não resolução da questão do trabalho, seu estatuto social, é, no fundo, a matriz do jeitinho. Simpático, ele é uma das maiores marcas do moderno atraso brasileiro.

ENTREVISTAS COM FRANCISCO DE OLIVEIRA*

Origens sociais e familiares[1]

Minha origem é de classe média decaída. Meu pai teve algum êxito empresarial nos anos 1930 como sócio de uma farmácia. Eram oito sócios, e a farmácia ficava no porto do Recife, porque o material era importado. Depois, com a guerra, a importação foi cortada, e o surgimento do mercado interno acabou com a localização estratégica: a cidade foi para dentro do continente. Então, a farmácia afundou. Meu pai não era farmacêutico formado, mas prático, muito bom farmacêutico. Era o médico dos pobres. O porto, em toda cidade que se preze, é a região de prostituição. E as prostitutas o consultavam. Em 1933, quando nasci, meu pai ainda tinha recursos, mas a década toda foi de decadência. Sou o sexto de dez filhos. Vivíamos na Soledade, hoje bairro central do Recife [...]. Estudei em escola particular. Escola pública de segundo grau só tinha uma na cidade toda, que era a melhor, o Ginásio Pernambucano, mas a entrada era pelo sistema do afilhadismo. Todo o estado concorria e, sobretudo, o pessoal do interior. A coronelada conseguia botar os filhos lá. Já no primeiro

---

* Seleção de Fabio Mascaro Querido. (N. E.)

[1] Entrevista por Ivana Jinkings, Marcelo Ridenti e Wolfgang Leo Maar, *Margem Esquerda*, Boitempo, n. 10, 2007.

grau era tudo público, como o Grupo Escolar Frei Caneca, onde estudei, numa rua com o nome de um dos revolucionários [da Revolução Praieira de 1848]: a Nunes Machado. Era ótimo; tudo o que eu aprendi foi no Grupo Escolar. Fiz um péssimo ginásio no Salesiano, onde fiquei até o fim do colegial. Eram padres muito reacionários, uma ordem criada por Leão XIII em Turim para capturar as mentes e os corações do operariado. [Eu era católico] de carteirinha. Fiz primeira comunhão, crisma, tudo a que tinha direito. Até os dezesseis anos, eu ainda era católico, até chegar à universidade. A família toda era muito católica, em especial minha mãe. Felizmente, não beata: nunca frequentou sacristia de igreja. Meu pai era católico, mas muito discreto. Fazia umas coisas que ninguém sabia, fornecia o incenso da igreja por causa da farmácia, tinha uma cadeira especial em que ele rezava no domingo. Era muito discreto. Nunca foi de alardear.

Miguel Arraes[2]

[Miguel] Arraes nasceu no lugar errado, devia ter nascido em Minas, porque era um político mineiro, não nordestino. Era um coronel de esquerda, muito íntegro. Eu estava ao lado de Arraes em 1964, quando chegou o coronel Dutra de Castilho, que depois foi general famoso por torturas praticadas na Primeira Região Militar. Esse coronel era o comandante do 15º RI (Regimento de Infantaria) que deu voz de prisão a Arraes em 1º de abril de 1964. E ouvi ele dizer: "Governador, estamos pedindo ao senhor. Nossa ação é contra o presidente Goulart, não contra seu governo; entretanto, é necessário mudar os postos de comando do estado. Pedimos ao senhor que permaneça no Palácio como nosso hóspede". O Arraes respondeu sem vacilação: "Coronel, não posso ser hóspede de mim mesmo, porque esta é a casa do governador. Ou permaneço aqui como governador, ou pode me prender". Então, uniu os pulsos como para ser algemado. Evidentemente, o coronel não o prendeu. Há lendas sobre o Arraes, ele era um político maneiroso, mas nunca vacilante. Minha relação com ele era ótima. Entrava em seu gabinete a qualquer hora ou quando me chamava para conversar.

---

[2] Idem.

Golpe de 1964[3]

Fui preso seis dias depois [do golpe]. Fiquei com o Celso [Furtado] no Palácio do Governo até três horas da tarde do dia 1º de abril. Dali fomos encaminhados para o gabinete do general Justino Alves Bastos, chefe militar da ditadura no Nordeste. Chegando lá, tinha um corredor polonês em frente ao gabinete do general para nos receber. Eles olhavam para o Celso com ódio de classe, que não era nem o caso, porque o Celso era filho de um desembargador... Ali eu vi uma cena inesquecível. O general Justino era cachorro pequeno – isso não é ofensa aos homens pequenos, porque eu mesmo só tenho um metro e sessenta – financiado pelos usineiros, todo mundo sabia. Ele mandou que nos sentássemos e fez o discurso. "Lamentavelmente, temos de tirar o presidente Goulart do cargo, porque ele está ameaçando as Forças Armadas." E o Celso, quieto. "Lamento muito, mas o senhor não colaborou." Quando ele disse isso, o Celso reagiu: "General, eu sou um servidor público, os senhores deram um golpe de Estado, derrubaram um presidente legitimamente eleito. Se o senhor não sabe, eu sou reservista de primeira classe da Força Expedicionária Brasileira (FEB), não me ofenda falando em colaboração". O general, que já era pequeno, ficou com um metro e meio. Saímos de lá, e eu pensei: "Daqui vou preso [...]". De lá, voltamos para a Sudene, o lugar virou uma praça de guerra, com tanque por todo lado. Os sujeitos subiam para vasculhar o prédio, e o Celso, sereno, disse que iria se preparar para entregar a superintendência no dia seguinte. Um general da reserva que trabalhava conosco, que era um joão-ninguém, foi designado para receber a Sudene. Uma secretária corria adoidada rasgando papéis da Tchecoslováquia, que não eram nada, propaganda de máquina, trator... No dia 6 de abril, às três horas da manhã, bateram à minha porta e me levaram. No Celso eles nunca tocaram, porque ele tinha um enorme prestígio no Exército. Tinha sido febiano e acabara de receber uma condecoração. O subchefe do estado-maior do Exército, general Lindemberg dos Santos, foi recebê-lo no Rio e garantiu sua

---

[3] Idem.

integridade até que tomasse um avião para o Chile. Isso foi no dia 8 de abril. [Fiquei preso] durante 45 dias. Fui bem tratado. Fiquei junto com o João Guerra, secretário da Fazenda de Arraes.

Prisão em 1974[4]

Fui preso [de novo, em 1974]. Foi um equívoco do aparelho de repressão. O Caico [Carlos Eduardo Fernandez da Silveira], personagem de *O ornitorrinco*, tinha desaparecido. O Fredão [Frederico Mazzucchelli] também tinha desaparecido. Fui à casa do Caico procurá-lo. Eu tinha um carrão norte-americano. Parei na porta da casa dele; não desconfiava de nada. Se tivesse desconfiado, teria sido pior. Quando me aproximei da casa do Caico, a porta se abriu e... já senti a pistola na nuca. Encapuzaram-me, e eu fui para o Dops (Departamento de Ordem Política e Social). Eles nos prenderam porque participávamos de um grupo de estudos d'*O capital* que era organizado sob minha liderança no Cebrap. Mas, na verdade, procuravam outro grupo, ligado ao movimento chileno, que pretendia reorganizar a esquerda brasileira. Devia haver dezenas de núcleos de estudo d'*O capital*. Foi um brutal equívoco. [Fiquei preso] dois meses. Luiz Roncari foi meu colega de poço. [Fui torturado com] pau de arara, choque. Felizmente, não ficou trauma nenhum. Devo ser meio maluco [...]. Tinha um sujeito de Pernambuco. Ele não me bateu, mas saquei que era um tipo de híbrido muito comum no Nordeste: cruzamentos entre índio e negro que dão uns homens de altura excepcional. Ele estava lá quando falei o nome de meu irmão, que era oficial da Polícia Militar e nada progressista, daí ele sacou quem eu era.

Universidade de São Paulo[5]

Eu estava sendo disputado, e foi a única vez na vida. Mas não usufruí muito [...]. Meu passe estava supervalorizado. Aí chegaram a Unicamp e a USP no mesmo momento. Dei palestras na Unicamp e na USP, como

---

[4] Idem.

[5] Idem.

se fossem meu vestibular para entrar na pós-graduação, já para entrar por cima e tal. Na Unicamp, foi uma discussão muito interessante. Na USP, não. Eu me decidi pela USP por razões práticas, eu detesto dirigir, não gosto de estrada e resolvi: "Vou ficar aqui". [...] A USP estava na onda, domínio das feministas, como a Eva Blay. Estava lá a Beth Lobo, casada com o Marco Aurélio. E elas eram furiosamente feministas. Então, a polêmica que se instalou depois de minha conferência no seminário é se a mulher vinha antes da classe ou depois. Eu disse: "Acho isso uma besteira, com o perdão da minha mãe, de minhas seis irmãs, de minha mulher; se vocês estão nessa discussão, estou fora dela". Essa distinção é boba, não leva a lugar nenhum. E, depois, eu sinto muito, aprendi Marx já muito velho. Sou ortodoxo. Não vem que não tem, quero que vocês coloquem uma mulher de classe média junto de uma operária para ver se não há distinção. Aí foi um escândalo, a Beth, que era militante e mais sofisticada teoricamente que a Eva, se indignou. Resumindo, a discussão na USP foi pobre, não teve nenhuma relevância.

Modo de produção social-democrata[6]

O uso provocativo de modo de produção [social-democrata] não tinha a pretensão de ser um conceito acabado nem mesmo de ser fiel ao conceito de modo de produção. Era uma tentativa de provocar a discussão. Eu percebia algo de inédito no sistema capitalista, desde os anos 1930, que me levava a fazer a provocação. Toda a literatura marxista preocupou-se muito em estudar as transformações ocorridas do lado do capital. Ficaram muito conhecidas nos anos 1960 as tentativas – que na verdade remontam a muito tempo antes – de medir as transformações no capital, de verificar empiricamente a famosa tendência à queda da taxa de lucro, de medir as proporções diferentes de capital constante e variável. Parecia-me que esse caminho era infrutífero, porque esquecia uma noção essencial em Marx, a de que o capital é uma relação social.

---

[6] Entrevista por Fernando Haddad, *Teoria e Debate*, n. 34, mar.-abr.-maio 1997. Disponível em: <http://www.teoriaedebate.org.br/index.php?q=materias/economia/chico-oliveira>; acesso em: 12 dez. 2017.

Então, fui ver o outro lado dessa relação social que era a mercadoria como conceito (trabalho). Dirigi meus esforços para o estudo da exploração da força de trabalho e descobri que, por meio de uma série de processos, havia mudado bastante o estatuto da força de trabalho nos países capitalistas líderes. Mudado no sentido do que chamei de "produção de antimercadorias", aquilo que os economistas chamam de "salário indireto", composto geralmente de gastos sociais, que vão desde os elementares, como educação e saúde públicas, até gastos com lazer, diversão, que compõem a cesta de consumo de qualquer trabalhador.

Como resultado de um conjunto de processos políticos, para os quais concorreu de maneira importante a intervenção da classe trabalhadora e dos partidos social-democratas e comunistas, constituiu-se, desde o fim do século passado, mas sobretudo a partir dos anos 1930, um quadro daquilo que os liberais chamam de "intervenção do Estado na economia", formando essa cesta de produtos, mercadorias e serviços. Isso, que mudou o estatuto da mercadoria força de trabalho, chamei de "antivalor". É algo que, na verdade, funciona dentro do sistema capitalista, mas o negando e já anunciando um dos limites da forma-mercadoria. Isso evidentemente é um fenômeno histórico, e não tentei transformá-lo numa lei de desenvolvimento. Esse fenômeno dependia exatamente da formação dos partidos operários, de seus sindicatos, suas instituições e de certa reação da burguesia e do próprio sistema capitalista para evitar seu colapso, adotando, em sua reprodução, uma forma de socialização do excedente que, por realizar-se mediada pelo fundo público (e não pelo mercado), eu chamei de "antivalor".

As classes sociais podem ser entendidas tais como Marx as pensou, sob a condição de que se faça uma pesquisa empírica que atualize seu estudo. Quando Marx trabalhou os conceitos à base evidentemente de sua experiência histórica – o que não quer dizer que o que Marx teoriza seja algo que se possa reduzir à pura experiência empírica, senão não teria ganhado o estatuto e a força explicativa que ganhou –, a relação entre as classes tinha muito a aparência de um conflito privado. A partir dos anos 1930, o conflito extrapola os marcos daquilo que se poderia dizer que ficava restrito ao espaço da esfera burguesa, segundo uma abordagem habermasiana ou mesmo weberiana. O próprio conflito interburguês assumiu proporções tais que acarretaram seu deslocamento do terreno do privado para o público. Portanto, não é propriamente uma transformação das classes, mas um fenômeno devido ao próprio conflito entre elas. A crise de 1930 foi a evidência mais eloquente desse deslocamento do terreno do privado para o público. Naquele momento, a esfera do privado se revelou insuficiente para de alguma maneira processar o conflito na sociedade burguesa.

É por isso que, de certa forma, as classes aparecem como se não tivessem recortes, como – o que a sociologia americana disse de forma fácil e banal – se o operariado americano fosse classe média, medido pelos índices de consumo. Na verdade, é possível continuar a pensar que o conceito de classe é válido, à condição de fazer esse novo percurso que tentei fazer.

Totalitarismo neoliberal[7]

Todo projeto burguês em qualquer latitude é inacabado. Entre o material e o simbólico, há um enorme fosso, que cresce em vez de diminuir. Isso mostra que a forma de desenvolvimento do capitalismo é cada vez menos capaz de integrar. Mas, no Brasil, na conjuntura de agora, a mudança do discurso é um fato mais importante que o próprio fosso que se amplifica. Porque a mudança do discurso é um descompromisso com a revolução burguesa. A mudança do discurso diz que não é mais possível empregar todo mundo e, portanto, está abandonado o compromisso de integrar. Esse é o ponto novo. Desde a Revolução Francesa, a promessa burguesa é a da igualdade. Você, como dominado, terá os mesmos direitos do dominante. Isso simbolicamente, porque, na realidade, se vê depois: é o conflito que decide. Mas está armada uma cena de representação em que o simbólico tem força operativa. Você como cidadão pode ir ao tribunal e processar o sujeito que deixou de lhe pagar, ainda que ele continue a ser o proprietário,

---

[7] *Vintém*, Companhia do Latão, n. 3, 1999. Disponível em: <http://www.companhia dolatao.com.br/site/wp-content/uploads/2016/01/Vintem3.pdf>; acesso em: 12 dez. 2017.

e você, o explorado. No momento em que está em jogo destruir o valor operativo do simbólico, a coisa fica mais perigosa. O neoliberalismo faz isso. Quer dizer: agora existe gente que está destinada, desde que nasceu, a não se integrar nunca mais. Quando Fernando Henrique diz que temos 40 milhões de inempregáveis, ele não está só aprendendo a falar com o [Antônio] Magri, ele está deixando claro que não há nenhum esforço que os faça se integrar. É preciso ter muita audácia e estar montado numa relação de força muito especial para dizer uma coisa dessas. Nenhum governante em nenhum lugar do mundo diria um troço desses. Só na América Latina.

[...] A exclusão no campo simbólico ameaça direitos humanos, direitos civis, direitos políticos e direitos sociais. É uma ameaça que vai até os sistemas políticos. O que está em jogo, na verdade, é todo o sistema representativo. As formas de regime democrático estão gravemente ameaçadas devido a essa erosão simbólica dos direitos. Agora, não se pode dizer que essa é uma tendência irrecorrível, porque aí seria melhor ler Fukuyama.

Lulismo[8]

O lulismo é uma perversão do petismo. É esse carisma de Lula combinado com assistencialismo. Esse círculo que cerca Lula que forma isso. É diferente do petismo, mas está dominando todo o petismo. A única reação possível é que a militância faça a diferença para salvar o partido. [...] Isso se tornou claro mais recentemente por causa das políticas sociais, dos altos *superavits* primários junto com as políticas sociais. O fato de, na crise, Lula procurar afastar a imagem dele da do PT. Isso explicitou o que existia apenas como um circuito interno, da gente mais apegada que fazia a corte de Lula. O povo tem essa paixão, virou um mito para muitas categorias sociais, principalmente para os mais pobres.

Não acho que ele [Lula] tenha se perdido. Ele nunca se achou. Ele fez uma carreira que passou do sindicalismo para a política sem nenhuma mediação. A única vez em que ele teve chance de ver a política de

---

[8] "A política tornou-se irrelevante", em *Cadernos IHU em Formação*, n. 9, 2006, p. 42 e 45. Disponível em: <http://www.ihu.unisinos.br/images/stories/cadernos/formacao/009cadernosihuemformacao.pdf>; acesso em: 5 jan. 2018.

outra forma foi quando se elegeu como deputado mais votado para a Constituinte e renunciou, no outro ano, para concorrer à reeleição para deputado, dizendo que é um lugar de trezentos picaretas. Não se anotou nenhuma iniciativa marcante de Lula durante a Constituinte. Aconselhou o partido a não a assinar, o que foi um equívoco formidável. Tudo isso mostra que ele, de fato, tem horror à política. Não sabe o que é política e não sabe como fazê-la.

Hegemonia às avessas[9]

Ultimamente, tenho discutido uma proposta heterodoxa de que estamos em uma era de hegemonia às avessas, isto é, o dominado conduz a política em benefício do dominante. A maior parte das pessoas rejeita a proposta, dizendo que ela é muito estrambótica.

É uma vanguarda que se converteu ao atraso comida pela vanguarda. Quando o PT se mete a gerenciar o capitalismo em sua fase financeira (que é o que ele está fazendo), é devorado pelo atraso, no sentido de negar as reivindicações da classe trabalhadora e da sociedade brasileira. Ele está sendo comido não pelas forças do atraso, mas sim pelas forças do progresso. É o progresso da acumulação, dominado pelo capital financeiro. É essa a contradição que eu encontro nessa decadência do PT como partido da transformação. Esse é o nó, que é difícil de desfazer.

Considero uma regressão, porque ele fez a política voltar para o culto da personalidade. As democracias mais modernas não têm esse culto da personalidade. Isso é anticidadão. Lula deveria ter aprendido, como ele veio "de baixo", que todos os cidadãos são iguais não só perante a lei, mas perante as possibilidades e as perspectivas que o mundo oferece. O

---

[9] Entrevista por Ruy Braga e Wilker Sousa. *Revista CULT*, n. 146, 2010. Disponível em: <https://revistacult.uol.com.br/home/o-compromisso-da-critica/>; acesso em: 12 dez. 2017. Entrevista por Graziela Wolfart. "O lulismo como uma regressão", revista *IHU On-line*, n. 352, 29 nov. 2010. Disponível em: <http://migre.me/47E4f>; acesso em: 13 dez. 2017. Entrevista por Ivana Jinkings, Marcelo Ridenti e Wolfgang Leo Maar. *Margem Esquerda*, Boitempo, n. 10, 2007, p. 34-6.

mandato que Lula recebeu foi para reverter o que ele mesmo chamava de "herança maldita" de Fernando Henrique Cardoso, e ele não fez isso. Aprofundou na direção do privatismo os negócios públicos, o que já era característica do governo FHC. Ele foi mais longe. Lula, na verdade, não é estatizante; ele é um privatista.

O lulismo não traz nenhuma novidade do ponto de vista de classe. Tivemos uma elevação econômica que fez com que determinado estrato social pudesse ter acesso a bens e serviços que não tinha antes, como o crédito bancário mais facilitado, sem aquelas enormes exigências de cadastro, e a compra muito facilitada de bens duráveis de consumo. Isso é uma novidade no Brasil, no sentido de que o capitalismo agora propicia o acesso a esse tipo de bens. Mas isso sozinho não forma uma classe social. Não é uma façanha do capitalismo brasileiro. Na Europa ocidental, todo o proletariado tem acesso a esses bens. A questão dos valores realmente se altera, como vitória do capitalismo.

Trata-se de uma regressão política, porque traz a política novamente para o colo do paternalismo. Lula usou imagens dele, em metáforas, ou se referindo ao futebol ou à família. A política deu um passo atrás.

Estou convencido de que o Bolsa Família é um desastre. E é um desastre pelos melhores motivos, não pelos piores. É um desastre porque o Bolsa Família criou o lulismo. Há um paralelo no caso da África do Sul. Como é que você derrota um regime nefando e se entrega a ele? Isso é o que estou chamando de "hegemonia às avessas". A burguesia concedeu ser conduzida politicamente pelos pobres para ferrá-los. Sacralizou-se a exploração predatória. Na África do Sul, um regime foi derrotado para reafirmar a exploração. É algo do que o lulismo faz no Brasil. Você conseguiu derrotar o preconceito de classe, a discriminação, para ficar nisso. Para quê? Para sacralizar a exploração. Transformou-se a pobreza numa questão de administração. Esvaziou-se o conflito.

PSOL[10]

Ajudei a fundar o PSOL, mas não temos nenhuma perspectiva pela frente. Somos a crítica do sistema. [O partido] vai fazer deputados, mas está fora do alcance de fazer algo, porque nós fomos comidos pela própria degradação do PT. Ninguém vai ouvir nosso discurso radical, mas é nosso papel continuar fazendo a crítica do sistema. Ao mesmo tempo, o PSOL não pode se enganar em relação à perspectiva de poder, porque não temos essa perspectiva – e no momento é melhor não tê-la para manter uma crítica aguda, tão radical quanto possa ser, do próprio sistema.

Eu acho que o PSOL é um fracasso. Eu entrei na do PSOL numa tentativa de fazer uma crítica ao PT pela esquerda, já que a crítica pela direita estava aí. Mas quem faz o PSOL, na verdade, pensa que pode refazer o caminho do PT. Então, não entenderam nada. Em geral, a esquerda brasileira tem uma enorme dificuldade de entender as transformações. Ela trata o capitalismo brasileiro de hoje como se fosse o dos anos 1950. Tem uma enorme dificuldade. O PSOL foi essa tentativa, que, até onde eu posso avaliar, fracassou, porque a crítica que eles fazem é a de que o PT fracassou porque não foi suficientemente radical. Então, como acontece em toda formação partidária, a técnica é antiga: você se apropria dos espaços institucionais do partido, e aí morreu. O que tem de novo no PSOL, realmente? Nada. Assim como o PT já havia falhado, porque o PT não tem uma teoria sobre o Brasil, seguindo as trilhas do próprio Partidão, o PSOL vai no mesmo caminho. Eles não têm uma teoria sobre o Brasil hoje. Assim como o PT não teve.

---

[10] Entrevista por Patrícia Fachin "A democracia brasileira é chata. Não entusiasma ninguém", revista *IHU On-line*, 20 ago. 2015. Disponível em: <http://www.ihu.unisinos.br/entrevistas/545944-entrevista-especial-com-francisco-de-oliveira>; acesso em: 13 dez. 2017. Entrevista por Marcelo Siqueira Ridenti e Flávio da Silva Mendes. "Do dualismo ao ornitorrinco: entrevista com Francisco de Oliveira", *Caderno CRH*, n. 25, v. 66, p. 601-22.

Movimento dos Trabalhadores Rurais Sem Terra[11]

O MST está fadado a desaparecer porque a base social dele vai desaparecer. Você não pode fazer política fora disso. Aliás, se ele tiver êxito, vai desaparecer – já conversei muito com os membros do MST sobre isso. Em primeiro lugar, porque a questão central, hoje, é urbana. Você não move esse capitalismo pelo campo. Então, é preciso criar formas, inventar, perceber de maneira diferente o conflito de classes nas formas urbanas. Todo o movimento contemporâneo leva a despolitizar a classe. Dá-se um passo atrás ao voltar para a pobreza. Daí meu pé atrás com programas do tipo Bolsa Família, que transformam o conflito numa questão administrativa.

Golpe institucional [12]

Eu acompanhei a votação [do *impeachment*] pelos jornais e pela televisão, e minha avaliação é a de que tudo é muito frágil e de que, na verdade, se a presidente tivesse mais recursos, seria fácil desmontar essa farsa. As declarações de votos dos deputados oscilaram entre o ridículo e a farsa. É um horror.

É quase ininteligível esse pedido vir do Hélio Bicudo, e, com isso, penso que ele rasgou seu passado. Ninguém entendeu até hoje as razões pelas quais Hélio tomou a frente de um pedido de *impeachment*. Não sei se um ressentimento com o PT explicaria isso, mas se trata de um ato completamente contra o passado dele.

[...] Hoje a situação é muito diferente da do golpe de Estado de 1964: ali não havia razões jurídicas, havia razões políticas. Hoje, é diferente, é muito confuso: qual é a razão jurídica? São as pedaladas fiscais? Acho que não entendemos nem nunca entenderemos esses mistérios que a história

---

[11] Entrevista por Ivana Jinkings, Marcelo Ridenti e Wolfgang Leo Maar. *Margem Esquerda*, Boitempo, n. 10, 2007, p. 37.

[12] Entrevista por Patrícia Fachin. "O governo Temer será um governo de direita. Infelizmente vamos provar desse veneno", revista *IHU On-line*, 20 abr. 2016. Disponível em: <http://www.ihu.unisinos.br/159-noticias/entrevistas/553915-o-governo-temer-sera-um-governo-de-direita-infelizmente-vamos-provar-desse-veneno-entrevista-especial-com-francisco-de-oliveira>; acesso em: 13 dez. 2017.

vai enterrar. O que houve para que Hélio Bicudo, com seu passado de posições democráticas, saísse à frente disso? Nunca entenderemos.

Não é claro para nós. O *impeachment* é constitucional, está previsto na Constituição, mas duvido que o povo esteja entendendo. Eu mesmo, que não sou povo, do ponto de vista de que tenho uma formação universitária, não estou entendendo. É algo extemporâneo, surgido do nada.

A meu ver, sim [se trata de um golpe institucional]. Não estão muito claras as articulações, mas sabemos que o Temer está no meio e, na condição de vice-presidente da República, isso é grave.

Governo Temer[13]

É um governo de direita, para começar. Por mais que se esforce para se explicar, será um governo de direita, então não se deve esperar muito dele, sobretudo no âmbito de reformas sociais: ele é visceralmente contra. Não se dá um golpe de Estado, tal como vai se consumar, provavelmente com a posição do Senado, para fazer reformas sociais; isso nunca se viu na história. Portanto, é um governo de direita.

A herança socialista[14]

[O socialismo] está na ordem do dia, mas não nessas formas. O conflito de classes não passa mais pela política partidária, ela não processa o conflito. Se não processar o conflito, a política se torna vaga. Todas as formas sob as quais a esquerda construiu sua experiência mundial foram atropeladas. Você fica com umas figuras de representação que não querem dizer nada e não têm força diante do capitalismo que aí está. O sol do PSOL está se pondo porque a classe operária – que ele acha que o PT traiu e que cabe a ele restaurar – não existe mais. [...]

Eu acho que quem civilizou o capitalismo foram os socialistas. Eu me dediquei, neste ano, a ler os três livros, as biografias fundamentais. A

---

[13] Idem.

[14] Entrevista por Ivana Jinkings, Marcelo Ridenti e Wolfgang Leo Maar, *Margem Esquerda*, Boitempo, n. 10, 2007, p. 34-6.

do velho Stálin, a nova, que não é nova, do Lênin, e agora estou terminando a do Mao. É a pior de todas. É um horror, duplamente. Primeiro, porque os biógrafos foram extremamente parciais. Eles são indignos, de direita. É uma coisa que você termina a leitura e diz: mas é possível que Mao fosse idiota a esse ponto? Que ele foi um assassino, sem dúvida. Mas reduzem a figura do Mao à de um trapaceiro, que só fez matar, dava golpe em todo mundo; é inconcebível, muito ruim. A do Lênin é boa. Eu não sei se é para quem conhece mais a vida do Lênin do que eu. Não tem nenhum ataque raivoso. A do Stálin é uma coisa horrorosa. Se tudo aquilo for verdade... Então, a contradição é essa. O socialismo civilizou o mundo. E a esquerda é um pouco responsável por esse equívoco. Paul Singer tem uma formulação melhor que a minha: ele diz que tudo o que é anticapitalista foi inventado pelos socialistas. Então, a esquerda desprezou, a meu ver, as grandes invenções políticas do século XX, por causa do estigma do reformismo. Ao desprezar, não entendeu por que o Estado de bem-estar foi destruído: de fato, ele ameaçou a acumulação. Coisa em que a gente se recusou a pensar. Quando você coloca, na área da política, a decisão sobre 50% do PIB (Produto Interno Bruto), isso modifica o capitalismo. E a esquerda não se apropriou disso.

Intelectuais e crítica social no Brasil [15]

Eu diria que somos um pouco franceses. Na França, os intelectuais tiveram um papel relevante na formação da sociedade e até mesmo da nacionalidade. Embora tenhamos o costume de diminuir nossa reflexão sobre o Brasil, eu acho que, sob esse ponto de vista, somos mais franceses do que qualquer outra coisa.

Eu acredito que o Brasil se moldou um pouco dessa forma. Em vários períodos, os intelectuais corresponderam a esse papel e o desempenharam bem. Seria fácil citar nomes. Há intelectuais dos dois lados. Mesmo os autoritários clássicos do começo do século XX tiveram um papel impor-

---

[15] Entrevista por Ruy Braga e Wilker Sousa. "Entrevista com Francisco de Oliveira", *Cult*, n. 146, 2010. Disponível em: <https://revistacult.uol.com.br/home/o-compromisso-da-critica/>; acesso em: 13 dez. 2017.

tantíssimo na política, de moldar a identidade brasileira. De modo que eu procuro me inscrever nessa tradição. Tenho um papel nessa sociedade e procuro cumpri-lo.

[...] Esses intelectuais dialogam com o público. Eles têm um papel pedagógico na discussão pública. Pedagógico não no sentido de que vão mandar o povo para a escola, mas sim um papel de balizar qual é o cenário do debate. Isso foi muito importante no Brasil e, na chamada geração moderna, é marcante. Todos os grandes intelectuais foram sociólogos públicos de extremada relevância. Gilberto Freyre, por exemplo, que é o conservador dessa grande plêiade, foi deputado constituinte e fundou dois partidos. Ele ajudou a fundar a esquerda democrática e a UDN, que acabou por ser o partido da direita no Brasil. Sua sociologia não era aquela do recato da casa-grande, mas uma sociologia que dialogava com o público.

[...] Estou falando apenas do Gilberto porque é o mais suspeito deles, pois era o mais conservador, nostálgico. Caio Prado foi deputado do Partido Comunista, dava cursos para operários; Sérgio Buarque assinou a carta de fundação do PT; Florestan foi deputado federal e constituinte pelo PT, além de ter um papel na discussão da campanha pela escola pública.

Essa é uma tradição que as gerações mais recentes reafirmaram, até mesmo no extremo. Se pensarmos em Fernando Henrique Cardoso, por exemplo, mesmo que se discorde de suas ideias, ele chegou à presidência da República por seu trabalho intelectual no meio político. Então, é nessa tradição que eu me inscrevo, embora com o coração mais à esquerda.

Crítica e utopia[16]

O melhor que a esquerda pode fazer hoje é criticar. É radicalizar a crítica, porque não há uma virtualidade imediata de passagem disso para o projeto político. Apesar de os conflitos na sociedade abrirem, a meu

---

[16] *Vintém*, Companhia do Latão, n. 3, 1999. Disponível em: <http://www.companhia dolatao.com.br/site/wp-content/uploads/2016/01/Vintem3.pdf>; acesso em: 13 dez. 2017.

ver, novas possibilidades. Mas até que isso se transforme em política leva tempo.

[...] Quando eu faço uma crítica radical àquilo que a racionalidade burguesa não conseguiu alcançar, estou praticando uma utopia. Em certas conjunturas, você tem a capacidade de avançar na descrição utópica. Em outras, não tem. Eu percebo uma defasagem entre uma virtualidade que se abre e uma nova força que não se formou. A utopia é crítica do real por aquilo que nega o real. Não deve ser confundida com positividade, no sentido de pensar que o futuro contém o melhor. Então, acho que toda crítica radical é uma utopia mesmo quando tem formas que não parecem utópicas.

BIBLIOGRAFIA DE FRANCISCO DE OLIVEIRA*

Livros publicados e/ou organizados

OLIVEIRA, Francisco de. *Problemas de desenvolvimento econômico de Pernambuco*. Recife, Codepe, 1959.

_____. *Questionando a economia brasileira*. São Paulo, Cebrap/Editora Brasileira de Ciências, 1975.

_____. *O banquete e o sonho: ensaios sobre economia brasileira*. São Paulo, Brasiliense, 1976.

_____. *A economia da dependência imperfeita*. Rio de Janeiro, Graal, 1977.

_____. *Elegia para uma re(li)gião*: Sudene, Nordeste – planejamento e conflito de classes. Rio de Janeiro, Paz e Terra, 1977.

_____; POPOUTCHI, María Angélica (orgs.). *Transnacionales en América Latina*: el complejo automotor en Brasil. Cidade do México, Nueva Imagen, 1979.

OLIVEIRA, Francisco de. *A economia brasileira*: crítica à razão dualista. Rio de Janeiro, Vozes, 1981.

_____. *Elegia para una re(li)gión*: sudene, nordeste, planificación y conflictos de clases. Cidade do México, Fondo de Cultura Económica, 1982.

---

* Seleção de Fabio Mascaro Querido, com base em Cibele Saliba Rizek e Wagner de Melo Romão (orgs.), *Francisco de Oliveira: a tarefa da crítica* (Belo Horizonte, Editora UFMG, 2006). (N. E.)

164 Francisco de Oliveira

_____. *Sudene*: dicionário histórico-bibliográfico brasileiro. Rio de Janeiro, CPDOC/ Fundação Getulio Vargas, 1982.

_____. *Celso Furtado*: introdução e seleção de textos. São Paulo, Ática, 1983. (Coleção Grandes Cientistas Sociais.)

_____. *O elo perdido*: classe e identidade de classe. São Paulo, Brasiliense, 1987.

_____. *Collor, a falsificação da ira*. Rio de Janeiro, Imago, 1992.

_____. *O elogio do dissenso*. São Paulo, Discurso Editorial/Edusp, 1996.

_____. *Classes sociais em mudança e a luta pelo socialismo*. São Paulo, Fundação Perseu Abramo, 2000.

_____. *Aproximação ao enigma*: o que quer dizer desenvolvimento social? São Paulo, Instituto Pólis, 2001.

_____. *Crítica à razão dualista/O ornitorrinco*. 2. ed. São Paulo, Boitempo, 2003.

_____. *O elo perdido*: classe e identidade de classe na Bahia, v. 1. 2. ed. São Paulo, Fundação Perseu Abramo, 2003.

_____. *A navegação venturosa*: ensaios sobre Celso Furtado. 2. ed. São Paulo, Boitempo, 2003.

_____; FAUSTO, Boris; CARDOSO, Fernando H. et al. (orgs.). *História da civilização brasileira*, tomo 3: *O Brasil republicano, estrutura de poder e economia*. 8. ed. Rio de Janeiro, Bertrand Brasil, 2006.

OLIVEIRA, Francisco de; RIZEK, Cibele (orgs.). *A era da indeterminação*. São Paulo, Boitempo, 2007.

OLIVEIRA, Francisco de. *Noiva da Revolução/Elegia para uma re(li)gião*. São Paulo, Boitempo, 2008.

_____; RIZEK, Cibele; BRAGA, Ruy (orgs.). *Hegemonia às avessas*: economia, política e cultura na era da servidão financeira. São Paulo, Boitempo, 2010.

Capítulos de livros

A emergência do modo de produção de mercadorias: uma interpretação teórica da economia da República Velha no Brasil. In: FAUSTO, B. (org.). *História geral da civilização brasileira*, v. 3: *O Brasil republicano*: estrutura de poder e economia. São Paulo, Difel, 1974, p. 391-414.

Acumulação capitalista, Estado e urbanização: a nova qualidade do conflito de classes. In: MOISÉS, J. A. (org.). *Contradições urbanas e movimentos sociais*. São Paulo, Paz e Terra/Cedec, 1977, p. 65-76.

Padrões de acumulação, oligopólios e Estado no Brasil: 1950-1976 [com Frederico Mazzucchelli]. In: MARTINS, C. E. (org.). *Estado e capitalismo no Brasil*. São Paulo, Cebrap/Hucitec, 1977, p. 111-39.

Salvador, os exilados da opulência: expansão capitalista numa metrópole pobre. In: ADEODATO, G. et al. (org.). *Bahia de todos os pobres*. Petrópolis, Vozes/Cebrap, 1980, p. 9-21.

State and Society in Northeastern Brazil: Sudene and the Role of Regional Planning. In: MITCHELL, S. (org.). *The Logic of Poverty*: the Case of the Brazilian Northeast. Londres, Routledge & Kegan Paul, 1981, p. 170-89.

A Critique of Dualist Reason: the Brazilian Economy Since 1930. In: BROMLEY, R. (org.). *Planning for Small Enterprises in Third World Cities*. Londres, Pergamon, 1985, p. 65-95.

Dimensão social da reforma agrária. In: Abra; Cedec; Ilcse-Unesp (orgs.). *A primeira proposta de plano nacional de reforma agrária da nova República e o Brasil dos anos 80*. São Paulo, Assembleia Legislativa de São Paulo, 1985, p. 1-5.

Celso Furtado e o pensamento econômico brasileiro. In: ANTUNES, R. et al. (orgs.). *A inteligência brasileira*. São Paulo, Brasiliense, 1986.

Qual é a do PT? In: SADER, E. (org.). *E agora, PT?*. São Paulo, Brasiliense, 1986.

Crisis económica y pacto social. In: SANTOS, M. R. (org.). *Concertación político-social y democratización*. Buenos Aires, Clacso, 1987, p. 145-60.

Medusa ou as classes médias e a consolidação democrática. In: O'DONNELL, G.; REIS, F. W. (orgs.). *A democracia no Brasil*: dilemas e perspectivas. São Paulo, Vértice, 1988, p. 282-95.

Os protagonistas do drama: Estado e sociedade no Brasil. In: LARANGEIRA, S. (org.). *Classes e movimentos sociais na América Latina*. São Paulo, Hucitec, 1990, p. 43-66.

Fernando Collor de Mello: perfil de um prestidigitador. In: MARTINS, C. E. (org.). *Presidentes latino-americanos*: cargas y cargos. Caracas, Nueva Sociedad, 1992, p. 99-108.

A prova dos nove: conflito de classes, publicização e nova contratualidade. In: DINIZ, E.; LOPES, J. S. L.; PRANDI, J. R. (orgs.). *O Brasil no rastro da crise*. São Paulo, Anpocs/Ipea/Hucitec, 1994, p. 9-15.

A reconquista da Amazônia. In: D'INCAO, M. A.; SILVEIRA, I. M. da (orgs.). *A Amazônia e a crise da modernização*. Belém, Museu Paraense Emílio Goeldi, 1994, p. 85-95.

Universitários, uni-vos. In: PINHEIRO, L. Y. (org.). *Crises e dilemas da universidade pública no Brasil*, v. 1. Salvador, Centro Editorial e Didático da UFBA, 1994, p. 13-9.

Neoliberalismo à brasileira. In: SADER, E.; GENTILI, P. (orgs.). *Pós-neoliberalismo*: as políticas sociais e o Estado democrático. Rio de Janeiro, Paz e Terra, 1995, p. 25-8.

As ONGs e a reestruturação do Estado brasileiro. In: GENTILI, P. (org.). *Interabilidade social e gerenciais de direitos*. Recife, Demo, 1995, p. 25-45.

Dominantes e dominados na perspectiva do milênio no Brasil: do Iluminismo para a reação. In: MARTINS, C. E. (org.). *O livro da profecia*: o Brasil no terceiro milênio. Brasília, Senado Federal, 1997, p. 273-82.

166 Francisco de Oliveira

A crise e as utopias do trabalho. In: KRAYCHETE, G.; LARA, F.; COSTA, B. (orgs.). *Economia dos setores populares*: entre a realidade e a utopia. Rio de Janeiro, Capina/UcSal/Cese, 2000, p. 65-90.

Minha experiência política e intelectual. In: SCHERER-WARREN, I.; ROSSIAUD, J. (orgs.). *A democracia inacabável*: memórias do futuro, v. 1. Florianópolis, Editora da Universidade Federal de Santa Catarina, 2000, p. 3-10.

Subdesenvolvimento: fênix ou extinção. In: TAVARES, M. C. (org.). *Celso Furtado e o Brasil*. São Paulo, Fundação Perseu Abramo, 2000, p. 121-8.

O bug do milênio: sociabilidade antipública numa sociedade periférica. In: *O Brasil não é mais aquele*: mudanças sociais após a redemocratização. São Paulo, Cortez, 2001, p. 105-9.

O culto a Moloch: Bresser Pereira e a reforma gerencial do Estado. In: BRAVO, M.; PEREIRA, P. A. (orgs.). *Política social e democracia*. São Paulo, Cortez, 2001, p. 139-47.

A nova hegemonia da burguesia no Brasil dos anos 90 e os desafios de uma alternativa democrática. In: FRIGOTTO, G.; CIAVATTA, M. (orgs.). *Teoria e educação no labirinto do capital*. 2. ed. Petrópolis, Vozes, 2001, p. 51-77.

Questões em torno da esfera pública. In: TERRA, R. (org.). *Trabalho e reprodução*: enfoques e abordagens. São Paulo, Cortez, 2001, p. 15-25.

Um republicano exemplar. In: BRESSER-PEREIRA, L. C.; REGO, J. M. (orgs.). *A grande esperança em Celso Furtado*: ensaios em homenagem aos seus 80 anos. São Paulo, Editora 34, 2001, p. 217-20.

Entre a complexidade e o reducionismo: para onde vão as ONGs da democratização? In: HADDAD, S. (org.). *ONGs e universidades*: desafios para a cooperação na América Latina. São Paulo, Abong/Fundação Peirópolis, 2002, p. 51-62.

Periferias regionais e globalização: o caminho para os Balcãs. In: ARBIX, G. et al. *Brasil, México, África do Sul, Índia e China*: diálogo entre os que chegaram depois. São Paulo, Editora da Unesp/Edusp, 2002, p. 293-300.

Queda da ditadura e democratização do Brasil. In: FÁVERO, O.; SEMERARO, G. (orgs.). *Democracia e construção do público no pensamento educacional brasileiro*. Petrópolis, Vozes, 2002, p. 41-51.

Recollections of Despotism. In: MARCOVITCH, J.; JAGUARIBE, H.; GENRO, T. (orgs.). *Brazil*: Dilemmas and Challenges. São Paulo, Edusp/IEA, 2002, p. 239-44.

O trabalho abstrato e as novas formas de conflito. In: LOUREIRO, I.; LEITE, J. C.; CEVASCO, M. E. (orgs.). *O espírito de Porto Alegre*. São Paulo, Paz e Terra, 2002, p. 91-106.

Diálogo na grande tradição. In: NOVAES, A. (org.). *A crise do Estado-nação*. Rio de Janeiro, Civilização Brasileira, 2003, p. 443-64.

Diálogo na nova tradição: Celso Furtado e Florestan Fernandes. In: NOVAES, A. (org.). *A crise do Estado-nação*. Rio de Janeiro, Civilização Brasileira, 2003, p. 465-82.

Dinâmica global e dinâmica social: tensões e contradições. In: MARSIGLIA, R. M. G.; GOMES, M. H.; GOLDENBERG, P. (orgs.). *O clássico e o novo*: tendências e abordagens em ciências sociais e saúde. Rio de Janeiro, Fiocruz, 2003, p. 47-55.

Orçamento participativo: uma invenção da política [com Cibele Rizek e Maria Célia Paoli]. In: BENEVIDES, M. V.; VANNUCHI, P.; KERCHE, F. (orgs.). *Reforma política e cidadania*. São Paulo, Fundação Perseu Abramo/Instituto da Cidadania, 2003, p. 120-33.

Política numa era de indeterminação: opacidade e re-encantamento. In: CAMILOTTI, V. C. et al. (orgs.). *República, liberalismo, cidadania*. Piracicaba, Unimep, 2003, p. 191-217.

Seminário Reforma Política: texto de abertura [com L. Silva]. In: BENEVIDES, M. V.; VANNUCHI, P.; KERCHE, F. (orgs.). *Reforma política e cidadania*. São Paulo, Fundação Perseu Abramo/Instituto da Cidadania, 2003, p. 449-56.

Ditadura militar e crescimento econômico: a redundância autoritária. In: REIS, D. A.; RIDENTI, M.; MOTTA, R. (orgs.). *O golpe e a ditadura militar 40 anos depois (1964-2004)*. Bauru, Edusc, 2004, p.117-24.

O enigma de Lula: ruptura ou legitimidade? In: ESTANQUE, E. (org.). *Relações laborais e o sindicalismo em mudança*: Portugal, Brasil e o contexto transnacional. Coimbra, Quarteto, 2004, p. 99-103.

Hay vías abiertas para America Latina? In: BORON, A. A. (org.). *Nueva hegemonía mundial*: alternativas de cambio y movimientos sociales. Buenos Aires, Clacso, 2004, p. 111-8.

Intelectuais, conhecimento e espaço público. In: MORAES, D. (org.). *Combates e utopia*: os intelectuais num mundo em crise. Rio de Janeiro, Record, 2004, p. 55-67.

Nordeste: a invenção pela música. In: CAVALCANTI, B.; STARLING, H.; EISENBERG, J. (orgs.). *Decantando a República*: inventário histórico e político da canção popular moderna brasileira, v. 3. São Paulo/Rio de Janeiro, Fundação Perseu Abramo/Nova Fronteira/Faperj, 2004, p. 123-38.

O capital contra a democracia. In: TEIXEIRA, A. C. C. (org.). *Os sentidos da democracia e da participação*. São Paulo, Instituto Pólis, 2005, p. 13-21.

Deem-me Ademir e eu darei o campeonato. In: CASTRO, A. C. et al. *Brasil em desenvolvimento*, v. 2: *Instituições, políticas e sociedade*. 2. ed. Rio de Janeiro, Civilização Brasileira, 2005, p. 377-91.

Enigma de Lula: ruptura ou continuidade? In: ESTANQUE, E. et al. *Mudanças no trabalho e ação sindical*: Brasil e Portugal no contexto da transnacionalização. São Paulo, Cortez, 2005, p. 96-100.

168 Francisco de Oliveira

El ornitorrinco. In: SADER, E.; GENTILI, P. (orgs.). *Ensayo brasileño contemporáneo*: selección. Havana, Editorial de Ciencias Sociales, 2005, p. 1-122.

A emergência do modo de produção de mercadorias: uma interpretação teórica da economia. In: FAUSTO, B.; CARDOSO, F. H. et al. *História da civilização Brasileira*, tomo 3: *O Brasil republicano*: estrutura de poder e economia. 8. ed. Rio de Janeiro, Bertrand Brasil, 2006, p. 431-55.

No silêncio do pensamento único: intelectuais, marxismo e política no Brasil. In: NOVAES, A. (org.). *O silêncio dos intelectuais*. São Paulo, Companhia das Letras, 2006, p. 293-305.

Oração a São Paulo. In: RIZEK, C.; ROMÃO, W. (orgs). *Francisco de Oliveira*: a tarefa da crítica. São Paulo, Editora da UFMG, 2006, p. 243-9.

Um crítico na periferia do capitalismo. In: CEVASCO, M. E.; OHATA, M. (orgs.). *Um crítico na periferia do capitalismo*: reflexões sobre a obra de Roberto Schwarz. São Paulo, Companhia das Letras, 2007, p. 149-52.

Das invenções à indeterminação: política numa era de indeterminação e re-encantamento. In: OLIVEIRA, F.; RIZEK, C. (orgs.). *A era da indeterminação*. São Paulo, Boitempo, 2007, p. 15-45.

Lula, o PT e a política. In: Inesc (org.). *Pensando uma agenda para o Brasil*: desafios e perspectivas. Brasília, Instituto de Estudos Socioeconômicos, 2007, p. 47-51.

O momento Lênin. In: OLIVEIRA, F.; RIZEK, C. (orgs.). *A era da indeterminação*. São Paulo, Boitempo, 2007, p. 257-87.

Celso Furtado: formação econômica do Brasil. In: FURTADO, R. F. A. (org.). *Formação econômica do Brasil*: edição comemorativa. São Paulo, Companhia das Letras, 2009, p. 489-518.

Deslocamento do centro dinâmico em Celso Furtado. In: WERNECK VIANNA, S. T. et al. (orgs.). *50 anos de "Formação econômica do Brasil"*: ensaios sobre a obra clássica de Celso Furtado. Rio de Janeiro, Editora do Ipea, 2009, p. 39-48.

[Entrevista.] In: MONTEIRO, P.; MOURA, F. (orgs). *Retrato de grupo*: 40 anos do Cebrap. São Paulo, Cosac Naify, 2009, p. 142-79.

Valha-me São Francisco: política na hegemonia às avessas. In: CAVALCANTI, J. S. B. et al. (orgs.). *Desigualdade, diferença e reconhecimento*. Porto Alegre, Tomo Editorial, 2009, p. 79-86.

O avesso do avesso. In: OLIVEIRA, F.; RIZEK, C.; BRAGA, R. (orgs.). *Hegemonia às avessas*: economia, política e cultura na era da servidão financeira. São Paulo, Boitempo, 2010, p. 369-76.

Discurso de emérito. In: AB'SÁBER, A. (org.). *Leituras indispensáveis*, v. 2. Cotia, Ateliê Editorial, 2010, p. 29-33.

Hegemonia às avessas. In: OLIVEIRA, F.; RIZEK, C.; BRAGA, R. (orgs.). *Hegemonia às avessas*: economia, política e cultura na era da servidão financeira. São Paulo, Boitempo, 2010, p. 21-7.

Artigos em periódicos

O Nordeste e a Cooperação Internacional. *Revista da Bahia*, Salvador, 1963.

O plano de ação econômica do governo Castello Branco: por que não terá êxito. *Revista Civilização Brasileira*, Rio de Janeiro, v. 1, 1965, p. 114-28.

Condições institucionais do planejamento. *Revista Civilização Brasileira*, Rio de Janeiro, v. 5-6, 1966, p. 39-47.

La industria latinoamericana: integración y economías de escala. *Bolletin del CEMLA*, Cidade do México, 1967, p. 10-20.

Aspectos metodológicos do planejamento urbano [com G. Bolaffi]. *Revista De Administração de Empresas*, São Paulo, v. 1, 1970.

A economia brasileira: crítica à razão dualista. *Estudos Cebrap*, São Paulo, v. 2, 1972, p. 3-82.

Capital, inflação e empresas multinacionais [resenha do livro de Charles Lewison]. *Novos Estudos Cebrap*, São Paulo, v. 1, n. 4, 1973, p. 173-83.

La economía brasileña: crítica a la razón dualista. *El Trimestre Económico*, Cidade do México, v. 40, n. 158, 1973, p. 411-84.

Mudanças na divisão inter-regional do trabalho no Brasil [com H. P. Reischstul]. *Estudos Cebrap*, São Paulo, v. 4, 1973, p. 131-68.

Notas sobre o capitalismo brasileiro. *Polêmica*, Belo Horizonte, v. 1, 1973.

Um assalto contra a burocracia [resenha a *Pantaleón y las visitadoras*, de M. Vargas Llosa]. *Novos Estudos Cebrap*, São Paulo, v. 1, n. 8, 1974, p. 97-101.

Não existe pecado do lado de baixo do Equador. *Polêmica*, Belo Horizonte, 1974, v. 2.

Para entender a Revolução Peruana: do modo de produção asiático à crise de 1968. *Estudos Cebrap*, São Paulo, v. 10, 1974, p. 57-78.

Acumulação capitalista, Estado e urbanização: a nova qualidade do conflito de classes. *Contraponto*, Rio de Janeiro, v. 1, n. 1, 1976, p. 5-13.

A produção dos homens: notas sobre a reprodução da população sob o capital. *Estudos Cebrap*, São Paulo, v. 16, 1976, p. 5-25.

Estado e ciência econômica: a contribuição da economia para uma teoria do Estado. *Ensaios de Opinião*, Rio de Janeiro, v. 5, 1977, p. 9-13.

Patrones de acumulación, oligopolios y Estado en Brasil (1950-1976) [com Frederico Mazzucchelli]. *Investigación Económica*, Cidade do México, v. 37, n. 143, 1977.

Surgimiento del modo de producción de mercancías: interpretación de la economía en la República Vieja del Brasil. *El Trimestre Económico*, Cidade do México, v. 44, n. 173, 1977, p. 143-68.

Acumulação capitalista, Estado e urbanização: a nova qualidade do conflito de classes. *Ensaios de Opinião*, Rio de Janeiro, v. 6, 1978, p. 109-12.

170   Francisco de Oliveira

O terciário e a divisão social do trabalho. *Estudos Cebrap*, São Paulo, v. 24, 1979, p. 137-68.

Notas intempestivas sobre a questão da universidade (II) [com W. J. Borges]. *Estudos Cebrap*, São Paulo, v. 27, 1980, p. 15-24.

Notas intempestivas sobre la cuestión de la universidad (II) [com W. J. Borges]. *Plural*, Cidade do México, Excelsior, v. 10-12, n. 110, 1980.

O que é o urbano no Brasil. *Pastoral Urbana*, São Paulo, 1980, p. 7-14.

Anos 70: as hostes errantes. *Novos Estudos Cebrap*, São Paulo, v. 1, n. 1, 1981, p. 20-4.

A esfinge do tempo: para onde vai o socialismo? *Revista de Economia Política*, São Paulo, v. 1, n. 2, 1981, p. 139-45.

État et science économique: la contribution de l'economie pour une theorie de l'État. *Revue de l'Institut de Sociologie*, Bruxelas, v. 1, n. 2, 1981.

Un modello di accumulazione in via di esaurimento. *Politica Internazionale*, Florença, v. 8-9, 1981.

O compromisso dos intelectuais. *Novos Estudos Cebrap*, São Paulo, v. 1, n. 3, 1982.

Da paixão de Poulantzas. *Novos Estudos Cebrap*, São Paulo, v. 1, n. 2, 1982, p. 7-11.

O Estado e o urbano. *Espaço & Debates*, São Paulo, v. 6, 1982.

Planejamento e poder: o enigma transparente. *Cadernos PUC Economia*, São Paulo, PUC, v. 12, 1982, p. 5-13.

Problemas e impasses da política econômica no Brasil. *Pensamiento Iberoamericano*, Madri, v. 2, 1982, p. 235-39.

Le Brésil: crise du fédéralisme ou crise de la democratie?. *Le Monde Diplomatique*, Paris, ago. 1983.

Un clásico de *El Trimestre Económico*: Celso Furtado y el paradigma del subdesarrollo. *El Trimestre Economico*, Cidade do México, v. 50, n. 198, 1983, p. 1.019-42.

État et partis politiques dans le capitalisme contemporain. *Perspectives Latinoamericaines*, Paris, v. 3, 1983.

As decisões cruciais: democracia ou bestialização. *Novos Estudos Cebrap*, São Paulo, v. 2, n. 4, 1984, p. 1-2.

Além da transição, aquém da imaginação. *Novos Estudos Cebrap*, São Paulo, v. 12, 1985, p. 2-15.

Aves de arribação: a migração dos intelectuais. *Lua Nova*, São Paulo, v. 2, n. 3, 1985, p. 20-6.

Crise econômica e pacto social. *Novos Estudos Cebrap*, São Paulo, v. 13, 1985, p. 3-13.

Malthus e Marx: falso encanto e dificuldade radical. Textos Nepo, Campinas, Núcleo de Estudos de População "Elza Berquó", v. 4, 1985.

Por que pacto social? *Novos Estudos Cebrap*, São Paulo, v. 13, 1985, p. 2-3.

Por quem as greves dobram? *Novos Estudos Cebrap*, São Paulo, v. 1, n. 12, 1985, p. 1-10.

Réflexions hétérodoxes sur la transition au Brésil. Cahiers des Ameriques Latines, Paris, v. 1, 1985, p. 5-28.

Depois da paz, a guerra! *Novos Estudos Cebrap*, São Paulo, v. 1, n. 16, 1986, p. 1-10.

E agora, PT? *Novos Estudos Cebrap*, São Paulo, v. 15, 1986, p. 32-43.

Política y ciencias sociales en el Brasil: 1964-1985. *David y Goliath*, Buenos Aires, Clacso, v. 49, 1986, p. 21-6.

Classes sociales et identite de classe à Bahia (Brésil). *Cahiers des Sciences Humaines*, Paris, v. 23, n. 1, 1987, p. 105-29.

[Discurso de inauguração da sala Mário Magalhães da Biblioteca do Inan.] *Saúde em Debate*, Rio de Janeiro, v. 1, n. 19, 1987, p. 147-8.

Homenagem a Stanislau Ponte Preta. *Novos Estudos Cebrap*, São Paulo, v. 1, n. 17, 1987, p. 1-10.

A longa espera de Giovanni Drogo. *Novos Estudos Cebrap*, São Paulo, v. 19, 1987, p. 3-5.

A metamorfose de Frankenstein. *Revista de Economia Política*, São Paulo, v. 7, n. 2, 1987, p. 140-3.

Política e ciências sociais no Brasil: 1964-1985. *Pesquisa & Debate*, São Paulo, v. 3, 1987, p. 13-22.

Politique et sciences sociales au Brésil: 1964-1985. *Phenomenes Ethniques*, Paris, v. 111, 1987, p. 147-54.

Sudene: voltar a planejar? *Espaço & Debates*, São Paulo, v. 1, n. 20, 1987, p. 95-113.

O flanco aberto. *São Paulo em Perspectiva*, São Paulo, v. 2, n. 3, 1988, p. 10-2.

O pacto não faz milagre, mas é a única saída. *Fome de Debate*, Brasília, v. 5, n. 2, 1988, p. 10-2.

O surgimento do antivalor. *Novos Estudos Cebrap*, São Paulo, v. 22, 1988, p. 8-28.

Eleições, mais que simplesmente. *Novos Estudos Cebrap*, São Paulo, v. 23, 1989, p. 3-6.

Esse doce leite chamado capital estatal. *Economia em Debate*, São Paulo, 1989.

A armadilha neoliberal e as perspectivas da educação. *Boletim Anped*, Porto Alegre, Associação Nacional de Pós-Graduação e Pesquisa em Educação, v: 1, n. 2, 1990, p. 7-14.

Les Cent jours du chasseur Bismarck. *M: Mensuel, Marxisme, Mouvement*, Paris, v. 42, 1990, p. 33-9.

O marajá superkitsch. *Novos Estudos Cebrap*, São Paulo, v. 26, 1990, p. 5-14.

A metamorfose da arribação. *Novos Estudos Cebrap*, São Paulo, v. 27, 1990, p. 67-92.

A falsificação da ira: ensaio-síntese para o projeto RLA 86/001. Buenos Aires, Clacso, 1991.

172 Francisco de Oliveira

Universitários, uni-vos!. *Universidade e Sociedade*, São Paulo, Andes, v. 1, n. 2, 1991, p. 7-9.

Brésil, requiem pour un faussaire. *Futur Anterieur*, Paris, v. 14, 1992, p. 10-5.

Fernando Collor de Mello: perfil de um prestidigitador. *Nueva Sociedad*, Caracas, v. 118, 1992, p. 99-108.

A herança do marajá superkitsch. *Novos Estudos Cebrap*, São Paulo, v. 34, 1992, p. 8-14.

A economia política da social-democracia. *Revista da USP*, São Paulo, USP, v. 17, 1993, p. 136-43.

Quanto melhor, melhor: o acordo das montadoras. *Novos Estudos Cebrap*, São Paulo, v. 36, 1993, p. 3-7.

A questão do Estado. Revista *Fórum DCA*, São Paulo, v. 1, p. 22-4, 1993.

A questão regional: a hegemonia inacabada. *Estudos Avançados*, São Paulo, v. 7, n. 18, 1993, p. 43-63.

Crise e concentração: quem é quem na indústria de São Paulo. *Novos Estudos Cebrap*, São Paulo, v. 1, n. 39, 1994, p. 149-71.

Da dádiva aos direitos: a dialética da cidadania. *Revista Brasileira de Ciências Sociais*, São Paulo, v. 1, n. 25, 1994, p. 42-4.

Eleições 94: da paixão do Cebrap. *Novos Estudos Cebrap*, São Paulo, v. 1, n. 39, 1994, p. 3-4.

A reconquista da Amazônia. *Novos Estudos Cebrap*, São Paulo, v. 38, 1994, p. 3-14.

Elogios à igualdade. *Rumos*, São Paulo, 1995.

O governo FHC e as políticas sociais. *Jornal da Abong*, São Paulo, Associação Brasileira de Organizações Não Governamentais, v. 10, 1995, p. 3-5.

Mercosul precisa criar regulamentação para mudanças no câmbio. *Jornal do Economista*, São Paulo, v. 75, 1995, p. 6-7.

Neoliberalismo: pastiche e simulacro. *Momentos*, São Paulo, v. 1, n. 3, 1995.

Quem tem medo da governabilidade? *Novos Estudos Cebrap*, São Paulo, v. 41, 1995, p. 61-77.

Elites brasileiras. *Boletim da FEE*, Porto Alegre, Fundação de Economia e Estatística, v. 17, n. 2, 1996.

O primeiro ano do governo FHC [com José Arthur Gianotti et al.]. *Novos Estudos Cebrap*, São Paulo, v. 44, 1996.

Reforma e contrarreforma do Estado no Brasil. *Proposta*, Rio de Janeiro, v. 84, n. 68, 1996.

Celso Furtado e o desafio do pensamento autoritário brasileiro. *Novos Estudos Cebrap*, São Paulo, v. 48, 1997.

[Entrevista.] *Teoria & Debate*, São Paulo, v. 10, n. 34, 1997.

As ONGs e a reestruturação do Estado brasileiro [relatório]. *Seminário*: o poder do Estado, vulnerabilidade social e carência de direitos, Recife, v. 95, 1997.

A ilusão do Estado brasileiro. *Teoria e Debate*, São Paulo, v. 1, n. 44, 2000, p. 31-3.

Memórias do despotismo. *Estudos Avançados*, São Paulo, v. 14, n. 40, 2000, p. 59-63.

Notas livres sobre desregulamentação e serviço social: um claro enigma. *Em Pauta*, Rio de Janeiro, v. 1, n. 15, 2000, p. 7-16, 2000.

A propósito da vanguarda do atraso e o atraso da vanguarda. *Boletim do Proealc*, Rondônia, Programa de Estudos de América Latina e Caribe, v. 1, n. 2, 2000, p. 1-2.

A roda do infortúnio: a globalização como restrição. *Vanguarda Econômica*, Belo Horizonte, v. 1, n. 8, 2000, p. 102-7.

O apodrecimento da beleza. *Teoria e Debate*, São Paulo, v. 1, n. 14, 2001, p. 4-7.

Estado, mercado, incerteza: matrizes da corrupção antirrepublicana. *Proposta*, Rio de Janeiro, v. 91, n. 1, 2001, p. 94-105.

Inovação, rigor e ascese entre a vida e a obra de Vinicius Caldeira Brant. *Tempo Social*, São Paulo, USP, v. 13, n. 1, 2001, p. 1-8.

Intelectuais, conhecimento e espaço público. *Revista Brasileira de Educação*, São Paulo, v. 1, n. 18, 2001, p. 125-32.

O novo poder econômico gera crise política [com José Luiz Fiori et al.]. *Conjuntura Econômica e Política*, São Paulo, v. 1, 2001, p. 39-45.

Pensar com radicalidade e com especificidade. *Lua Nova*, São Paulo, v. 1, n. 54, 2001, p. 89-95.

Adeus às oligarquias. *Teoria e Debate*, São Paulo, v. 16, n. 14, 2003, p. 22-8.

Democratização e republicanização do Estado. *Nação Brasil*, Rio de Janeiro, v. 4, n. 14, 2003, p. 56-7.

Democratização e republicanização do Estado. *Teoria e Debate*, São Paulo, v. 16, n. 54, 2003, p. 52-7.

The Duckbilled Platypus: the Brazilian Platypus. *New Left Review*, Londres, v. 24, 2003, p. 40-57.

O enigma de Lula: ruptura ou continuidade? *Margem Esquerda*, São Paulo, Boitempo, n. 1, 2003, p. 37-41.

El enigma de Lula: ruptura o continuidad? *Herramienta: Revista de Debate y Crítica Marxista*, Buenos Aires, Herramienta, v. 7, n. 22, 2003, p. 73-6.

O Estado e a exceção: ou o Estado de exceção? *Revista Brasileira de Estudos Urbanos e Regionais*, Belo Horizonte, v. 5, n. 1, 2003, p. 9-14.

A grande burguesia investiu na disputa pelo poder e o significado do governo Lula (debate). *Crítica Social*, Rio de Janeiro, v. 16, n. 2, 2003, p. 10-7.

Os intelectuais contra a Reforma da Previdência (PEC 40). *Revista da Adusp*, São Paulo, USP, 2003, p. 6-7.

174   Francisco de Oliveira

A reforma da previdência e o futuro da universidade pública (debate). *Adunicamp*, Campinas, v. 5, n. 2, 2003, p. 62-4.

A sociologia política e a democracia no Brasil. *Política & Sociedade*, Florianópolis, UFSC, v. 3, n. 3, 2003, p. 27-43.

Somos uma nação e não uma aglomeração de consumidores. *Crítica Social*, Rio de Janeiro, v. 16, n. 2, 2003, p. 25-8.

Bem-vindos ao deserto de Mumbai: Durkheim e Marx contra Weber. *Nação Brasil Conjuntura Internacional*, Rio de Janeiro, v. 4, n.14, 2004, p. 56-57.

Um crítico na periferia do capitalismo. *Revista da Oficina de Informação*, São Paulo, v. 5, n. 61, 2004, p. 36-7.

Empregos globais, desemprego nacional: os empregos do ornitorrinco. *Democracia Viva*, Rio de Janeiro, Ibase, v. 21, 2004, p. 3-5.

Há vias abertas para a América Latina? *Margem Esquerda*, São Paulo, Boitempo, 2004, n. 3, p. 65-76.

Oração a São Paulo, a tarefa da crítica. *Margem Esquerda*, São Paulo, Boitempo, 2004, n. 2, p. 41-7.

El capital contra la democracia. *Foro*, Bogotá, v. 52, 2005, p. 99-107.

[Entrevista.] *Plural*, São Paulo, USP, v. 12, 2006, p. 149-57.

Lula in the Labyrinth. *New Left Review*, v. 42, 2006, p. 5-22.

O vício da virtude: autoconstrução e acumulação capitalista no Brasil. *Novos Estudos Cebrap*, São Paulo, v. 74, 2006, p. 67-85.

[Entrevista concedida a Ivana Jinkings, Marcelo Ridenti e Wolfgang Leo Maar.] *Plural*, Universidade de São Paulo, v. 10, 2007, p. 13-37.

Lula en el labirinto. *New Left Review*, v. 42, 2007, p. 5-21.

A diferença entre a teoria e a prática. *Jornal de Resenhas*, v. 1, 2009, p. 3.

FONTES DOS TEXTOS

"O adeus do futuro ao país do futuro: uma biografia breve do Brasil"
Com base no texto original, em primeira versão, escrito pelo autor para ser
incluído em: Emir Sader, Ivana Jinkings, Rodrigo Nobile e Carlos Eduardo
Martins (coords.), *Latinoamericana: enciclopédia contemporânea da América
Latina e do Caribe* (São Paulo/Rio de Janeiro, Boitempo/Laboratório de Políticas
Públicas da UERJ, 2006).

"Quem canta de novo *l'Internationale*?"
Publicado originalmente em: Boaventura de Sousa Santos (org.), *Trabalhar o
mundo: os caminhos do novo internacionalismo operário* (Rio de Janeiro, Civilização Brasileira, 2005).

"Hegemonia às avessas"
Publicado originalmente em: *Piauí*, São Paulo, Abril, n. 4, janeiro de 2007.

"O avesso do avesso"
Publicado originalmente em: *Piauí*, São Paulo, Abril, n. 37, outubro de 2009.

"A clonagem"
Publicado originalmente em: *Piauí*, São Paulo, Abril, n. 61, outubro de 2011.

"Jeitinho e jeitão"
Publicado originalmente em: *Piauí*, São Paulo, Abril, n. 73, outubro de 2012.

Ilustração de Gilberto Maringoni utilizada na capa do livro
Crítica à razão dualista/ O ornitorrinco (Boitempo, 2003).

Publicado quinze anos depois de *O ornitorrinco*, ensaio de Chico de Oliveira lançado no ano da posse de Luiz Inácio Lula da Silva em seu primeiro mandato na presidência do Brasil, este livro foi composto em Adobe Garamond Pro, corpo 12/15, e reimpresso em papel Avena 80g/m² pela gráfica Eskenazi, para a Boitempo, em setembro de 2019, com tiragem de 1.000 exemplares.